BASTEI
LÜBBE

Über die Autorin:

Angela Voß, geboren 1956, ist Psychologin, Journalistin und Drehbuchautorin. Zu ihren Veröffentlichungen zählen u.a.: *Böse Männer kommen in jedes Bett* (2000) und *Das Biest in mir* (2002) und zuletzt *Packt ihn, wascht ihn, schafft ihn in mein Zelt* (2002). Sie lebt mit ihrem Mann in Hamburg und ist kinderlos.

Angela Voß

Ein Baby – jetzt, später oder nie?

Das Dilemma der modernen Frau

BASTEI LÜBBE

BASTEI LÜBBE TASCHENBUCH
Band 66405

1. Auflage: September 2006

Vollständige Taschenbuchausgabe

Lizenzausgabe: Verlagsgruppe Lübbe GmbH & Co. KG,
Bergisch Gladbach
Dieses Werk wurde vermittelt
durch die Literarische Agentur Thomas Schlück GmbH,
30827 Garbsen
Umschlaggestaltung: Gisela Kullowatz
Titelbild: © Corbis/zefa/Grace
Satz: Dörlemann Satz, Lemförde
Druck und Verarbeitung: GGP Media GmbH, Pößneck
Printed in Germany
ISBN-10: 3-404-66405-1
ISBN-13: 978-3-404-66405-4 ab 01.01.2007

Sie finden uns im Internet unter
www.luebbe.de

Der Preis dieses Bandes versteht sich einschließlich
der gesetzlichen Mehrwertsteuer.

Inhalt

Vorwort

Noch nie war der Weg zum ersten Kind so weit. Nahezu überall in der modernen Welt ist das so. Überall lösen sich die Traditionen zugunsten eines individuellen Lebensstiles auf. Und überall ist das mit mehr Freiheiten, Unsicherheiten und Risiken verbunden. Was die Kinderfrage anbelangt, heißt das, wir können uns alle frei entscheiden, ob wir ein Kind möchten oder nicht. Jede Frau und jeder Mann muss selbst abwägen, ob eigene Kinder zu ihrer persönlichen Lebensplanung dazugehören. Jeder muss die Verantwortung für seine Entscheidung selbst übernehmen und seinen eigenen Weg finden. Das ist allerdings gar nicht leicht, geht es doch nicht nur um persönliche Wünsche und Bedürfnisse, sondern auch darum, den Anforderungen einer Berufswelt gerecht zu werden, die ständige Flexibilität verlangt, und darum, die eigenen Pläne mit denen des Partners in Einklang zu bringen.

Immer mehr Menschen entscheiden sich spät oder gar nicht, Eltern zu werden. Von 1970 bis 1986 war die Bundesrepublik das Land mit der niedrigsten Geburtenrate der Welt. Bis heute liegt der Mittelwert von 1,3 Geburten je Frau im weltweiten Vergleich im untersten Bereich. Über 40 Prozent der Akademikerinnen in Deutschland bleiben kinderlos. In einer Stadt wie Hamburg leben sogar nur noch in 19 Prozent der Haushalte Kinder, wie für das Jahr 2001 ermittelt wurde.

Ich wollte wissen, welche Frauen den Schalter umlegen und sich für ein Baby entscheiden und welche dagegen. Warum fällt es uns so schwer, den Sprung auf die Elternseite zu wagen? Was hilft uns auf der Suche nach der besten Entscheidung? Mit welchem Mann klappt das Kinderprojekt? Welche Frauen zögern zu lange und warum? Welche persönlichen Motive und Ambivalenzen spielen bewusst und unbewusst mit? Was geht kinderlosen Frauen durch den Kopf, wenn der Ex plötzlich zu den frisch gebackenen Vätern gehört? Wie lange dauert es, bis ein Paar mit unerfülltem Kinderwunsch zum Spezialisten geht? Wie hoch ist die Erfolgsquote? Wie viele verhüten? Wie viele spielen Roulette? Und was ist mit den Nichtmüttern los? Sind sie glücklich? Ich wollte wissen, ob wir mit 80 Jahren zufrieden auf unser Leben zurückblicken oder verkniffen, einsam und verbittert sind – und vieles mehr.

Ich habe schnell gemerkt, dass es nicht ausreicht, Interviews zu führen und aus diesen zufälligen Erfahrungen zu schöpfen. Zu unterschiedlich sind die Emotionen der Frauen, zu schwerwiegend ist die Entscheidung. Ich wollte kein vordergründig lustiges und auch kein wissenschaftliches Buch schreiben, sondern ein aktuelles, das unterhaltsam informiert und überrascht. Ich wollte Stimmungen aufgreifen, wunde Punkte aufdecken und Tendenzen aufzeigen.

Ein Jahr lang habe ich recherchiert und neues mit altem Wissen verknüpft. Ich habe wissenschaftliche Studien und Statistiken zusammengetragen, das Internet durchforscht, Berge von Büchern und Zeitschriftenartikeln zum Thema gelesen, ich habe in Supermärkten, Buchhandlungen, Bussen, Zügen, Boutiquen und auf der Straße Feldforschung betrieben und versucht, den Emotionen der Menschen nahe zu kommen. Ich habe Gespräche geführt und Gespräche belauscht. Die Fülle des Materials war so groß und beinahe täglich kam Neues dazu, dass es nicht immer leicht war, sich beim Schreiben für das Beste zu entscheiden. Das Thema ist komplex, verzahnt, verfilzt und an vielen Punkten alles andere als griffig. Trotzdem sind die Erkenntnisse, zu denen ich gelangt bin, verblüffend einleuchtend und einfach. Das Buch zeigt zwar nicht mit der Sicherheit eines Schwangerschaftstestes an, ob eine Frau ein Baby bekommen wird oder nicht, aber es bringt Licht ins Dunkel der eigenen Ambivalenzen, und es verrät, wer sich statistisch gesehen für Kinder entscheidet und wer dagegen.

Ich habe mich bei meinen Recherchen um Neutralität bemüht und dabei festgestellt, wie jeder Lebensweg seine guten und schlechten Seiten hat. Die Arbeit an diesem Buch hat nicht meine Entscheidung in Bezug auf die Kinderfrage, wohl aber meine Einstellung zum Thema grundlegend verändert. Wer weiß, vielleicht verändert das Buch auch Ihren Blick auf die Kinderfrage. Und vielleicht auch Ihr Leben ...

Die verpasste Entscheidung

Es hat irgendwie nie gepasst ...
Aber im nächsten Leben werde ich
eine hingebungsvolle Mama sein.

Cornelia, 51, kein Kind

Vor kurzem traf ich eine Frau auf dem Hamburger Hauptbahnhof, die ich seit Jahren nicht mehr gesehen hatte. Angelika wollte wie ich mit dem Metropolitan nach Köln fahren, und wir setzten uns nebeneinander. Vor fünf Jahren, als ich einen Artikel für eine Frauenzeitschrift recherchierte, hatte ich mich bei ihr nach speziellen Fortbildungsveranstaltungen erkundigt. Angelika war Soziologin und arbeitete als Personaltrainerin. Insofern lag es nahe, sie nach ihren Seminaren zu fragen.

»Es läuft ganz gut. Aber mein Job war mir noch nie so egal wie jetzt«, antwortete sie mit einem seltsam schiefen Lächeln. Das konnte ich ihr kaum abnehmen, wie sie da im souveränen Nadelstreifenanzug mit wichtiger Miene ihren eleganten Aktenkoffer aufklappte, um ihrem Kunden in Köln noch schnell eine SMS-Nachricht zu schicken, bevor sie sich weiter mit mir unterhalten konnte. Dann erzählte sie, wie absurd ihr alles vorkomme, dass es für mich so aussehen müsse, als wäre sie noch dieselbe Frau wie damals. In Wahrheit sei ihr ganzes Leben in den letzten fünf Jahren total aus den Fugen geraten.

Ich konnte mich gut an unsere erste Begegnung erinnern, als wir auch lange und intensiv über private Themen gesprochen hatten. Sie war damals 37 Jahre alt. Ihr Job war noch relativ neu und erschien ihr ausbaufähig, sie lebte in einer turbulenten Beziehung, war ständig auf Achse, Familienplanung war Pillensache. Kinderwunsch? Ganz bestimmt. »Ich habe immer davon geträumt, dass sich meine kleine Tochter irgendwann schlaftrunken und bettwarm in meine Arme kuscheln würde«, erzählte Angelika während der Zugfahrt. »Aber wann das sein sollte, darüber hatte ich keine klaren Vorstellungen. Ich wusste nur, dass ich jetzt noch nicht bereit war, mich auf die Mutterrolle festzulegen.« In ihren Augen hatte sie noch alle Zeit der Welt.

Kurz nach unserem ersten Treffen wurde ihre beste Freundin mit 38 Jahren schwanger. Sobald Angelika in jener Zeit in einer Runde das Stichwort »ein Baby mit 38« fallen ließ, dauerte es nicht lange, bis jemand auf das begrenzte Haltbarkeitsdatum der weiblichen Eierstöcke zu sprechen kam. Das Problem war für sie neu, auch wenn es offenbar viele Menschen in ihrem Freundeskreis bewegte. Angelika hatte eigentlich nicht das Gefühl, dass sie das Thema Unfruchtbarkeit ernstlich betraf. Sie war erst 37. Topfit und kerngesund. Doch der Gedanke, dass Frauen nicht bis zum Ende der Wechseljahre fruchtbar sind, begann sie zu beschäftigen. Als dann während einer Vorsorgeuntersuchung bei ihrem Gynäkologen auch noch das Gespräch darauf kam, dass er vom späten Kinderwunsch der Frauen ab 35 ganz kräftig profitiere, fiel ihre Entscheidung: Entweder du kriegst jetzt den Hintern hoch, oder es klappt nicht mehr mit dem eigenen Baby, dachte sie. »Und bei dem Gedanken an ein Nie bekam ich die Panik, weil ich plötzlich wusste, dass es auf ein Nie hinauslaufen würde, wenn ich weiter so rummurksen würde wie bisher!«, erinnerte sich Angelika.

Was der Hauptgrund für das lange Zögern gewesen war, wollte ich wissen. Das war eine Frage, die ich sonst nie gestellt hätte, weil ich dahinter ein ganzes Bündel von persönlichen Gründen vermutete, die mich nichts angingen. Aber seit ich in Sachen Kinderwunsch recherchierte, ließ meine Neugierde mich etwas direkter sein. Was sie sagte, überraschte mich, weil es dem widersprach, was ich in den ersten Studien gelesen hatte, die mir zum Thema Kinderwunsch begegnet waren. Mehrere Forscher kamen in ihren Untersuchungen zu dem Ergebnis, dass es zwei Gruppen von Frauen in Deutschland gab: die »berufsorientierten«, die bewusst auf Kinder verzichteten und ihr Geld lieber für Konsumartikel und Freizeitvergnügungen ausgaben, und die »kindorientierten«, denen es wichtiger war, mit einem eigenen Kind ihre emotionalen Seiten zu entdecken.

Angelikas Antwort lautete: »Als ich mit dem Studium anfing, hätte ich sofort alles hingeworfen, wenn ich schwanger geworden wäre. Ich war im Grunde meines

Herzens gar nicht so scharf darauf, Soziologin zu sein. Ich wusste eigentlich auch nicht so genau, auf welchen Beruf das Studium überhaupt hinauslaufen sollte. Aber je länger ich dabei war, desto wichtiger fand ich meinen zukünftigen Beruf, nicht nur für meine eigene Unabhängigkeit, sondern auch für das Kind, das ich bekommen wollte. Ich hätte kurz vor dem Examen keine Lust mehr gehabt, mein Baby mit Sozialhilfe und Verwandtengeschenken kärglich großzuziehen. Mein Kind sollte es ja nicht schlechter haben, als ich es früher hatte.«

Die finanzielle Basis für eine Familiengründung sollte stimmen, und Voraussetzung dafür war der eigene Beruf. Doch die Basis blieb wackelig. »Du musst in meinem Job eigentlich immer damit rechnen, dass du morgen gefeuert wirst«, war Angelikas Erfahrung nach elf Jahren im Beruf. »Wenn Sie ein Kind kriegen, lassen Sie die Firma sowieso im Stich«, hatte ihr erster Chef nach zwei Jahren schnodderig zu ihr gesagt, als sie sich bei ihm beschwert hatte, weil sie bei einer Beförderung übergangen worden war. Er hatte sogar irgendwie Recht, dachte Angelika. Zwei Frauen in leitender Position waren nach dem Karrieresprung schwanger geworden und ein paar Monate später in Mutterschaftsurlaub gegangen. Keine von beiden kehrte in den Beruf zurück. »Meine Kolleginnen hatten trotzdem die richtige Entscheidung getroffen. Selbst ein gut bezahlter Job ist eben nur ein Job. Ein Baby zu bekommen ist das einzig wirklich magische Ereignis im Leben – das Einzige, was bleibt. Es macht doch auf Dauer keinen Sinn, dass man sein Leben lang Akten von A nach B schiebt, dass man eine flache Beziehung nach der nächsten führt und später einsam und allein im Altersheim sitzt und verpassten Chancen nachtrauert!«

Angelika trennte sich ziemlich abrupt von ihrem damaligen Freund, der nie ein Geheimnis daraus gemacht hatte, dass er keine Kinder wollte. Ihrem jetzigen Ehemann begegnete sie über eine Kontaktanzeige. Die beiden wurden schnell ein Paar. Er hatte sich vor einigen Jahren in eine florierende PR-Agentur eingekauft, war 45 und wollte nichts lieber als heiraten und eine Familie gründen. »Ich war plötzlich sicher, dass mein ganzes Leben nur auf diesen einen Punkt zugelaufen war«, beschrieb sie das enorme Glücksgefühl, dass der Absprung in die Mutterschaft doch nicht verpasst schien. Der gemeinsame Kinderwunsch schweißte ihre Beziehung sofort eng zusammen. Es begann eine Phase der Euphorie und des gemeinsamen Pläneschmiedens. Doch Angelika wurde nicht schwanger. Nach einem Jahr ging sie zum Arzt, obwohl sie sich immer noch sicher war, dass sie nicht unfruchtbar sein konnte. Kurz vor dem Abgabetermin ihrer Diplomarbeit hatte sie sich für einen Schwangerschaftsabbruch entschieden.

Die Diagnostik zog sich über Monate hin, wie sie offen schilderte. Blutabnahme, Hormonbestimmungen, Durchlässigkeitsprüfung. Bald war auch ihr Mann involviert. Angelika hätte nie damit gerechnet, doch mit 39 Jahren war sie praktisch nicht mehr fruchtbar. Ihr Körper produzierte zwar genauso zuverlässig wie früher alle vier Wochen eine Monatsblutung, aber das war kein Beweis für ihre Fruchtbarkeit! Bei ihm sah es ähnlich aus. Die biologische Uhr tickt auch beim Mann schneller als die meisten wissen, erfuhren Angelika und ihr Mann aus der Fachliteratur.

»Das kriegen wir schon hin«, munterte der Facharzt das Paar zuversichtlich auf, das sich inzwischen vor dem Standesbeamten das Jawort gegeben hatte. »Sie müssen nur locker bleiben!« Angelika spritzte sich am Ende der jahrelangen Behandlung selbst Hormone, auch wenn es sie große Überwindung kostete. Die körperlichen Nebenwirkungen waren schlimm, aber das Schlimmste war der seelische »Kampf«, sich nicht selbst noch zusätzlich unter Druck zu setzen, nicht die Hoffnung aufzugeben und nicht zu verzweifelt zu hoffen. »Wenn du zu sehr willst, kann es nicht klappen«, glaubte sie und versuchte, ihren Wunsch so flach wie möglich zu halten. Damals bekam alles, was sie dachte, was sie tat, was ihr passierte, eine doppelte Bedeutung: War das jetzt gut oder schlecht für eine Befruchtung? Der Gedanke an eine kinderlose Zukunft machte sie fix und fertig. Angelika quälte sich mit Schuldgefühlen. Warum hatte sie so lange gewartet? Warum hatte sie ihren Mann nicht früher kennen gelernt und stattdessen ihre Zeit mit ungeeigneten Männern vergeudet? War die Unfruchtbarkeit die Strafe Gottes für die Abtreibung?

Es war ihr Mann, der vor ein paar Wochen Nein sagte und die Behandlung abbrach. Seitdem war Angelika am Boden zerstört. Sie war 43 Jahre alt. Einen zweiten Kandidaten für das Projekt »Wunschbaby« zu suchen, kam aus zwei Gründen nicht infrage: aus Liebe zu ihrem Mann und weil es wahrscheinlich sowieso zu spät war.

»Schreib in deinem Buch, die Ärzte belügen uns alle«, sagte sie zu mir, als wir Köln erreicht hatten. »Die verbreiten den Mythos der unbegrenzten Möglichkeiten und gaukeln uns vor, dass wir alles selbst in die Hand nehmen können. Sogar den Termin für unser Wunschkind. Und natürlich hören wir nichts lieber als: ›Du kannst inzwischen alles haben, wann immer du willst.‹ In Wahrheit müssen wir uns früh entscheiden, auch wenn in Frauenzeitschriften und Tageszeitungen pausenlos über glückliche alte Mütter geschrieben wird. Hätte ich nicht parallel immer von der Möglichkeit einer späten Babypause geträumt, hätte ich mich im Job mehr ins Zeug gelegt. Unser Zögern wird doppelt bestraft, weil wir uns zu lange auf nichts von beidem voll einlassen!«

Angelika hatte Recht. Medienberichte erwecken immer wieder den Eindruck, dass heute nahezu alles möglich ist. Eine der spektakulärsten Wunderzeugungen wurde 2003 aus Indien gemeldet: Eine 65-jährige Frau aus dem Bundesstaat Orissa war nach einer künstlichen Befruchtung Mutter eines gesunden Sohnes geworden. Gelegentlich hört man in Diskussionen sogar, falls es selbst mit der künstlichen Befruchtung nicht mehr klappen sollte, könne sich eine ungewollt kinderlose Frau sicherlich schon in absehbarer Zeit einen Klon aus einer eigenen Körperzelle formen lassen! Und die katholische

Nachrichtenagentur KNA meldete im Juli 2003: »Hoffnung für kinderlose Paare oder ethisch bedenkliche Forschung? Aus den Eizellen abgetriebener Embryos lassen sich seit kurzem neue Embryos züchten. Ein abgetriebener Embryo wird auf diese Weise zur ungeborenen Mutter gemacht, um einer ungewollt kinderlosen Mutter zum Wunschkind zu verhelfen.«

Wenn selbst betagten Rentnerinnen und unfruchtbaren Frauen offenbar noch geholfen werden kann, dann wird das bei mir doch allemal klappen, glauben viele, die zuversichtlich die Repropraxen betreten. Unfruchtbare Männer gibt es laut Aussage der Repromedizin sowieso fast nicht mehr. Bewegliches Sperma wird nicht mehr gebraucht; es reicht ein Hauch von Gewebe. Die Hürde zum eigenen Kind scheint nur noch die eigene Ethik! Angelika schüttelte den Kopf. »Das ist eine Illusion, die ich auch hatte. So viel geht noch nicht. Wenn deine Biologie nicht mitspielt, hilft dir nichts. Außerdem gibt es ja auch noch die Gesetze, die in Deutschland manche Reprotechniken verbieten. Und es gibt die persönliche Grenze, bis hierher und nicht weiter. Repro wird schnell unmenschlich.«

Angelika hat sich zu spät auf ihren Kinderwunsch voll eingelassen. Aber sie hat die Initiative ergriffen und alles, was möglich war, versucht. Das ist auch eine Entlastung. Ihre Geschichte zeigt, dass wir uns in der Kinderfrage zwar entscheiden können, dass wir aber nicht selbst in der Hand haben, ob unsere Wünsche in Erfüllung gehen. Viele Menschen, die sich einer Reprobehandlung unterziehen, gehen durch die Hölle, wenn es mit dem Wunschkind nicht klappt, weil sie an sich selbst verzweifeln. Ihre Psyche macht mobil und hat nur noch das eine Ziel vor Augen, das alles andere unwichtig werden lässt. So hat die Natur uns eingerichtet. Und dennoch: Die ungewollt Kinderlosen haben kein Leben vor sich, das wie ein Himmel ohne Sterne ist, selbst wenn es ihnen nach Abbruch der Behandlung so vorkommt. Sobald sie einmal alle Hoffnungen hinter sich gelassen haben, werden neue Wege sichtbar. Neue Projekte gewinnen an Leuchtkraft. Eigene Kinder können dem Leben einen Sinn geben, doch würde wohl niemand darauf kommen, dem Dalai Lama zu unterstellen, dass er ein unerfülltes Leben führt. Ein erfülltes Leben ist ohne eigene Kinder möglich, genauso wie ein unerfülltes Leben mit Kindern möglich ist.

Der Stellenwert des eigenen Kinderwunsches wandelt sich im Laufe der Zeit. »Mein Kinderwunsch hat sich verändert wie die Wolken am Himmel«, meinte Angelika nachdenklich, während dicke Regentropfen gegen das Zugfenster prasselten. »Ich wollte immer Kinder haben! Aber es hat nie dieses Jetzt-oder-nie-Gefühl gegeben, bis zu dem Moment vor fünf Jahren. Als wir in Behandlung waren, dachte ich, ich zerbreche daran, wenn wir keine Kinder bekommen. Jetzt lösen sich die dunklen Wolken allmählich wieder auf. Ich glaube, mein Kinderwunsch ist nicht groß genug, um eine Adoption ins Auge zu fassen. Noch ist die Enttäuschung allerdings zu frisch. Mal sehen …«

Jede siebte Partnerschaft ist ungewollt kinderlos, sagen die Reproduktionsmediziner. Die Unfruchtbarkeit nimmt zu. Die Liste der vermuteten Ursachen ist lang. Sie reicht von künstlichen Östrogenen aus der Antibabypille im Grundwasser, über Hodenerwärmung durch zu enge Jeans und Plastikwindeln, Pestiziden in den Nahrungsmitteln, Tabletten- und Alkoholmissbrauch bis zum gestiegenen Druck am Arbeitsplatz. Die Unfruchtbarkeit nimmt aber vor allem deshalb zu, weil die Paare immer älter werden, bevor sie sich für das erste Baby entscheiden.

1961 betrug das durchschnittliche Alter einer Frau, die ihr erstes Kind zur Welt brachte, in Westdeutschland 24,9 Jahre. An das »golden age of marriage«, den Heirats- und Babyboom der sechziger Jahre, schloss sich mit der Verbreitung der Pille in ganz Europa der Geburtenrückgang an. Der Pillenknick wird als »Europas zweiter demographischer Bruch« bezeichnet und mündete in unser seit nunmehr dreißig Jahren stabil niedriges Geburtenniveau. Seitdem bekommen statistisch gesehen 1000 Frauen in Deutschland nur noch 1300 Kinder. Gleichzeitig erhöhte sich das Durchschnittsalter der Erstgebärenden von Jahr zu Jahr. 2001 lag im vereinten Deutschland das Durchschnittsalter einer Mutter bei ihrer ersten Geburt schon bei 29,1 Jahren. 2002 war in Bayern schon jede vierte Erstgebärende über 35. Bundesweit, so schätzen die Experten der Bevölkerungsstatistik, sieht es nicht anders aus. Auch auf dem Land breitet sich der Trend zur späten Geburt aus.

Durchschnittsalter der deutschen Mütter bei der Geburt ihres ersten ehelich geborenen Kindes:

Früheres Bundesgebiet		*Neue Länder und Berlin Ost*		*Deutschland Gesamt*	
1965	24,88				
1970	24,34				
1975	24,81				
1980	25,19				
1985	26,18				
1990	26,93				
1995	28,15	1995	26,93	1995	28,07
2000	29,02	2000	28,43	2000	28,97

Quelle: Statistisches Bundesamt

In dieser Weise wird leider nur das Durchschnittsalter der Mütter ehelich geborener Kinder ermittelt. In Westdeutschland sind Heirat und Geburt noch eng verknüpft. In Ostdeutschland ist das anders. Dort werden 47 Prozent aller Kinder von unverheirateten Frauen geboren. Das Durchschnittsalter der Mütter unehelich geborener Kinder lag 2000 in Gesamtdeutschland bei 27,5 Jahren.

Wie Angelika und ihr Mann nehmen viele von Unfruchtbarkeit betroffene Paare die Dienstleistungen der Reproduktionsmedizin in Anspruch. 500 000 Paare sind es jedes Jahr in Deutschland. Rund die Hälfte von ihnen ist 35 Jahre und älter. Bereits jedes achtzigste Kind hierzulande ist heute in der Petrischale gezeugt worden, schrieb der »Spiegel«, das sind fast 9000 Babys im Jahr. Rechnet man die anderen Verfahren hinzu, erblickten 2002 über 125 000 Kinder unter reprofachärzlicher Hilfe das Licht der Welt. Der Gang zum Reproduktionsmediziner ist in Deutschland längst Alltag geworden.

»Sie, Anfang 40, Akademikerin, die alles im Beruf erreicht hat, sucht ihm, dem zehn Jahre älteren und im Stress seiner Karriere leicht erschlafften Zweit- oder Dritt-Partner, das späte Glück zu schenken.« So hat einer der namhaften Reproduktionsmediziner in Deutschland die größte Gruppe seiner Patienten demselben Nachrichtenmagazin beschrieben. Auch Angelika würde in diese Gruppe gehören. Doch der Mediziner trifft mit seiner Einschätzung den Nagel nicht wirklich auf den Kopf. 40-jährige Frauen haben im Beruf selten alles erreicht. Außerdem ist seine Vorstellung vom weiblichen Kinderwunsch reichlich verstaubt: »Frauen schenken ihrem Mann ein Kind«, so hieß es früher. Heute wollen Frauen mit der Geburt ihres Wunschkindes vor allem sich selbst glücklich machen und das Kind, das da hoffentlich bald kommt.

Eine entscheidende Rolle spielt die Zahl 40. Mit steigendem Alter nimmt die Fruchtbarkeit ab. Ab 35 plus reift schon nicht mehr in jedem Zyklus ein Ei heran. Die Verringerung der Fruchtbarkeit ist ein natürlicher Vorgang: Die Funktionsfähigkeit der Eierstöcke lässt allmählich nach, die Anzahl und die Qualität der Eizellen nimmt ab, die Wahrscheinlichkeit von Hormonstörungen steigt. Auch kommt es eher zu Fehlgeburten. Ab 40 endet sogar jede zweite Schwangerschaft mit einer Fehlgeburt.

Wahrscheinlichkeit einer Schwangerschaft pro Zyklus:	
Zwischen 19 und 25 Jahren	30 Prozent
Zwischen 26 und 33 Jahren	18 Prozent
Zwischen 34 und 44 Jahren	13 Prozent
Ab 40 Jahren	2 Prozent

Viele Frauen ab 35 suchen nach ein, zwei, drei Jahren vergeblicher Bemühungen einen Facharzt auf. Doch auch wenn die Medien mittlerweile vereinzelt auf das Problem aufmerksam machen, werden die Erfolgsaussichten der Reproduktionsmedizin bei älteren Frauen deutlich überschätzt, wie Angelika schmerzlich erfahren hat.

Welche Techniken legal sind und welche angeboten werden, kann je nach Land, Region und Spezialist sehr unterschiedlich sein. Die Methode der In-Vitro-Fertilisation (IVF), also die Befruchtung im Glas, die bei uns besonders häufig angewandt wird, hat eine Erfolgsquote von 15 bis 20 Prozent pro Behandlungsversuch bei einer 28-Jährigen, schreiben Tewes Wischmann, Projektleiter der Heidelberger Kinderwunschsprechstunde, und Heike Stammer in ihrem Buch »Der Traum vom eigenen Kind«. Bei einer 40-jährigen Frau sind es nur noch 5 Prozent. »Ähnlich hoch liegt aber auch die Geburtenrate in der Wartezeit auf die Fruchtbarkeitsbehandlung bzw. in der Behandlungspause«, so Wischmann und Stammer. Die Chancen erhöhen sich zwar durch jeden neuen Versuch, sie addieren sich aber nicht. Die Zahl der Paare, die sich einer IVF-Behandlung unterziehen, steigt in Deutschland jedes Jahr um 20 Prozent. Andere Verfahren, die hierzulande praktiziert werden, sind die intrauterine Insemination (IUI), bei der während des Eisprungs eine Samenprobe in die Gebärmutter übertragen wird, und die intracytoplasmatische Spermieninjektion (ICSI), bei der mithilfe von Mikromanipulatoren eine Samenzelle direkt in die Eizelle injiziert wird. Alle diese Verfahren machen es möglich, dass rund die Hälfte der 500000 Paare die Praxen mit einem Baby im Arm verlässt. Das mag sich gut anhören – bei den glücklichen Müttern handelt es sich jedoch meist nur um die jüngeren Frauen. 250000 Babys im Jahr reichen aus, um die Wartezimmer der Mediziner mit süßen Kinderfotos zu pflastern. Aber wo sind die Fotos der anderen 250000 Paare? Wie geht ihre Geschichte weiter?

Die schlechte Erfolgsquote bei ihren älteren Patientinnen verschweigen die Ärzte meist, weil es immer eine Chance gibt, weil sie den verzweifelten Frauen helfen wollen und natürlich auch, weil sie sich nicht selbst das Wasser abgraben wollen. Nichts kurbelt den Bedarf nach repromedizinischer Hilfe mehr an als der Trend zur späten Mutterschaft. Er hat in den letzten vierzehn Jahren durch neue technische Möglichkeiten und das steigende Durchschnittsalter der Mütter aus einigen gewöhnlichen Gynäkologen hoch bezahlte Babymacher werden lassen, die alle Hände voll zu tun haben. Die meisten älteren Frauen sind organisch gesund. Ihre Eierstöcke haben die Produktion nur ganz normal eingestellt. Wenn in den Medien über Frauen berichtet wird, die durch künstliche Befruchtung sogar noch im Rentenalter Mütter werden, handelt es sich meist um Fälle, bei denen nicht nur der Samen des Vaters künstlich übertragen, sondern auch ein fremdes Ei verwendet wurde.

Anfang der neunziger Jahre bekam der Trend zur späten Geburt ordentlich Rückenwind, als man plötzlich überall lesen konnte, dass die Aussichten auf ein Mutterglück mit 35 plus noch nie so gut waren. Dass bei älteren Müttern das hohe Risiko einer Frühgeburt oder einer Mangelentwicklung des Babys im Mutterleib bestehe, sei nichts weiter als eine Legende. Doch die Risiken der späten Mutterschaft und das »Verfallsdatum« der mütterlichen Eierstöcke sind zwei verschiedene Dinge. Die biologische Uhr tickt heute bei uns noch so laut wie bei unseren Großmüttern – nur mit dem Unterschied, dass wir sie nicht mehr ticken hören. Wir ignorieren die Biologie unserer Eierstöcke und machen uns vor, dass wir mit 45 immer noch ein Kind bekommen können, wenn wir es nur wollten.

Natürlich gibt es immer Ausnahmen. Es gibt Frauen, die bekommen sogar noch mit 50 ein Baby, nachdem sie gerade die Pille abgesetzt haben. Das gelingt von hundert 50-jährigen Frauen statistisch gesehen jedoch nicht mal einer einzigen. Als Faustregel gilt für die meisten von uns: Wenn eine Frau ein stressiges Leben führt, ist sie mit 40 praktisch unfruchtbar. Es sei denn, sie sucht sich einen jungen Mann. Denn ab 35 lässt auch die Zeugungsfähigkeit beim Mann merklich nach. Heute ist es üblich, das Alter der zukünftigen Eltern zu addieren. 50 ist prima. 80 ist so gut wie aussichtslos.

Der Trend zur ungewollt verpassten Geburt ist kein deutsches Phänomen. Er breitet sich weltweit aus. Die American Society for Reproductive Medicine warnt vor dem Hinausschieben der Schwangerschaft in Arztpraxen und auf Bussen mit einem eindringlichen Plakat, auf dem eine Babyflasche mit einem Ziffernblatt oder in Form einer Sanduhr abgebildet ist. Nur die Japanerinnen scheinen besser über die Tücken des schnellen Alterns ihrer inneren Organe informiert zu sein: Dort ist das Einfrieren von ganzen Eierstöcken unter den 30-jährigen Karrierefrauen angeblich schon gang und gäbe, schrieb die »Marie Claire«. Sicher ist, dass auch in Japan die Geburtenziffer sinkt: von 1,8 Kindern pro Frau 1981 auf 1,3 im Jahr 2001. Aber wer sich umhört, wird schnell feststellen, dass auch bei uns mittlerweile nicht selten über das Thema geredet wird, wenn kinderlose Karrierefrauen über 35 zusammensitzen und die Kinderfrage erörtern. Die Methode, das Erbgut bei minus 196 Grad Celsius in flüssigem Stickstoff für die Ewigkeit einzufrieren, ist jedenfalls auch in Deutschland schon seit Jahren erprobt. Das erste Frostbaby in unserem Land, ein Mädchen aus Erlangen, feierte im Februar 2004 immerhin schon seine Volljährigkeit. Wer sich ein Kind wünscht, träumt sicher nicht von sterilen

Laborbedingungen, in denen das gekühlte Erbgut in einer Petrischale zum Leben erweckt wird, um dann womöglich von einer Leihmutter ausgetragen zu werden. Trotzdem scheinen die eingefrorenen Eierstöcke bestens in unsere moderne Welt zu passen. Mit den eingefrorenen Eierstöcken wäre es möglich, ohne Zeitdruck die idealen Rahmenbedingungen zu schaffen, in denen jedes Kind als Wunschkind aufwachsen könnte. Mütter würden nichts verpassen und hätten ihr Leben so weit im Griff, dass sie nicht vom sozialen Abstieg bedroht wären, nur weil sie allzu optimistisch schwanger geworden sind.

»Theoretisch wäre es einer der größten Triumphe der Menschheit«, glaubte Siegmund Freud noch euphorisch, »eine der fühlbarsten Befreiungen des Naturzwanges ..., wenn es gelänge, den verantwortlichen Akt der Kinderzeugung zu einer willkürlichen, beabsichtigten Handlung zu erheben.« In den sechziger Jahren ist Freuds Vision Wirklichkeit geworden. Seitdem haben wir mit der Verbreitung sicherer Verhütungsmittel die Möglichkeit, Nein zu sagen zum Zeugungsakt, ohne auf Sex verzichten zu müssen. Mit dem bewussten Nein haben wir die Voraussetzungen für ein bewusstes Ja geschaffen, dem nur durch unsere Biologie eine Grenze gesetzt werden kann. Über drei Viertel der Erwachsenen verhüten hierzulande, bei den unter 30-Jährigen sind es sogar 85 Prozent. Dabei spielt es kaum eine Rolle, ob wir einen festen Partner haben oder nicht.

Mit der neuen Entscheidungsfreiheit kamen jedoch

auch neue Konflikte. Nichts hat sich in den letzten drei Jahrzehnten so umwälzend verändert wie unsere Arbeitswelt und unser Familienleben. Beide Bereiche sind schon lange keine sicheren Häfen mehr. Sie verlangen mehr Mobilität und Flexibilität von den Menschen, als das vielleicht jemals zuvor der Fall war. Beruf und Beziehung sind für viele von uns zu permanenten Baustellen geworden. Die Frauen müssen nicht nur ihre eigenen, sondern auch die Probleme und die Lebensumstände ihres Partners ernst nehmen und mit ihm die Zukunftsplanung diskutieren. Die Unsicherheiten heben sich meist nicht auf. Sie potenzieren sich oftmals noch, wenn zwei Menschen an einem Strang ziehen wollen und gleichzeitig im Hinterkopf haben müssen, dass selbst die besten Beziehungen kaputtgehen können.

Bei meinen Recherchen bin ich immer wieder einem Typ Frau begegnet, den ich »die flexible Frau« nenne. Sie ist kein Kunstprodukt, ich habe sie mir nicht ausgedacht, sondern lediglich zusammengetragen, was die große Mehrheit der von mir interviewten Frauen erzählt hat. Die flexible Frau will eigentlich alles. Sie möchte ihre Freiheiten genießen. Sie möchte eine liebevolle, leidenschaftliche Beziehung, die lange hält. Sie möchte heiraten, aber nur, falls der Richtige für dieses Projekt auftauchen sollte. Ihr Beruf ist ihr wichtig, um auf eigenen Füßen zu stehen und ein selbstbestimmtes Leben führen zu können. Sie ist gut ausgebildet und hat den Einstieg in den Beruf entweder längst geschafft oder will ihn noch schaffen. Sie wünscht sich Kinder.

Als sie 20 war, war sie sogar ganz sicher, dass Kinder zu ihrem Leben dazugehören würden. Im Durchschnitt gaben die Frauen mit Anfang 20 noch 2,4 Kinder als Wunschvorstellung an. Dass es in der Realität nur 1,3 Kinder werden, hat nichts damit zu tun, dass Frauen reifer werden und sich im Laufe des Lebens ihre Ideale verändern, sondern damit, dass der Sprung auf die Elternseite einer Frau nicht leicht gemacht wird.

Dass viele Frauen ihren Kinderwunsch nicht in dem geträumten Umfang in die Tat umsetzen, hat freilich auch mit ihren eigenen Ansprüchen zu tun. Ihre zwei oder drei erträumten Kinder sollen eine glückliche behütete Kindheit haben, in einem Haus mit Garten aufwachsen, zwei liebende Elternteile haben, denen der Beruf genügend Zeit für ihren Nachwuchs lässt, und auch sonst soll es ihnen an nichts fehlen. Kinder brauchen ja auch eine Menge. Sie brauchen viel Liebe, viel Aufmerksamkeit, und sie kosten einen Haufen Geld. In unserer komplexer gewordenen Welt wachsen Kinder nicht mehr nebenbei auf. Dafür gibt es zu wenig Spielkameraden in der Nachbarschaft, zu viele Autos, zu hohe Anforderungen an eine perfekte Förderung seitens der Eltern. Von Babyschwimmen und musikalischer Früherziehung bis zu Englischkursen für Kleinkinder darf nichts ausgelassen werden. Die Verpflichtungen und damit die Hürden scheinen enorm, obwohl der Schritt auf die Elternseite vielleicht der normalste Schritt der Welt ist.

Ging es um den eigenen Kinderwunsch, waren fast

alle, mit denen ich gesprochen habe, innerlich zerrissen. Einerseits war da der Traum vom eigenen Kind, von innigen und zärtlichen Momenten, vom ganz großen Glück und einer sich erfüllenden Weiblichkeit. Andererseits hatten viele abschreckende Beispiele von Müttern im Kopf, die an allen Ecken und Enden knapsen mussten, verzweifelt und überfordert waren. Viele kannten Beziehungen, die trotz Wunschkindern kaputtgegangen waren. Viele hatten gute Freundinnen, die seit der Geburt ihrer Kinder keine Zeit mehr für einen Cappuccino im Café um die Ecke hatten und denen sogar die paar Minuten fehlten, um in Ruhe zu telefonieren. Eine dachte an ihre kleine Schwester, die schwanger sitzen gelassen worden war und trotz abgeschlossenem Chemiestudium seit neun Jahren von der Sozialhilfe lebte. Und viele hatten ein klares Bild von den frustrierten Müttern auf der Straße, die abgekämpfter waren als die Frauen im Büro. Aber viele kannten auch ältere kinderlose Frauen, die einsam zu Hause herumhockten und nichts anderes zu tun hatten, als sich selbst zu bemitleiden.

Ein Kind ist etwas völlig anderes als eine Karriere. Ein Neugeborenes ruft sinnliche Empfindungen wach. Ein Kind zu stillen, das man liebt, das man vor jedem Unglück beschützen möchte und dem man am liebsten den Himmel auf Erden schaffen will, ist nicht damit zu vergleichen, eine glanzvolle Präsentation vorzubereiten oder mit sympathischen Kunden essen zu gehen, da sind sich alle Frauen einig. Die Entscheidung für ein Kind geht jedoch auf Kollisionskurs mit dem Bedürfnis, sich möglichst lange viele Optionen offen zu halten. Und da beginnt das eigentliche Dilemma der flexiblen Frau. Ein Kind passt nie richtig ins Leben einer berufstätigen Frau – doch wenn sie den Kinderwunsch nie realisiert, sich nie festlegt, könnte sie dann nicht das wirklich Wichtige im Leben verpassen? Besteht dann nicht die Gefahr, dass ihr Leben am Ende zum sinnlosen Flickwerk von Beziehungs- und Jobarbeit wird, das ihren Blick für das Wesentliche vernebelt hat?

Und so geraten viele Frauen in eine Situation des Abwägens, Prüfens und Verdrängens, die überall ähnliche Folgen hat: Je reicher ein Land, je besser ausgebildet die Frauen, desto weniger Kinder werden geboren und desto älter sind die Mütter im Durchschnitt. Drei Trends sind in den Industrienationen auszumachen: der Trend zur späten Geburt, der Trend zur ungewollt verpassten Geburt und der Trend, sich nach Jahren des Abwägens bewusst gegen Kinder zu entscheiden, weil Kinder mit den Anforderungen unserer modernen Zeit immer schwerer zu vereinbaren sind.

Für die meisten Mütter waren die aktuellen Zahlen der Kindergartenplätze in der Nähe ihrer Wohnung bei der Entscheidung für ihr Kind nicht von Bedeutung. Ihr Kinderwunsch war auch nicht abhängig davon, wie der einzige Kindergarten im Nachbardorf von innen aussah und wie lange er geöffnet hatte. Trotzdem nimmt jeder Mensch gesellschaftliche Trends und gesellschaftliche Realitäten wahr und wird durch sie beeinflusst. Viele Frauen, die Kinder haben, können nicht so viel und nicht so flexibel arbeiten, wie sie es ohne Kinder konnten. Manche Mütter kehren nie in ihren erlernten Beruf zurück oder arbeiten Teilzeit in weniger lukrativen Beschäftigungsverhältnissen. Mütter verdienen deshalb häufig weniger Geld als Nichtmütter mit gleicher Ausbildung und können deshalb nicht so gut für das eigene Alter vorsorgen.

Betreuungsmöglichkeiten für Kinder berufstätiger Mütter sind in Westdeutschland derartig rar, dass viele Mütter sich vom Staat im Stich gelassen fühlen. Eine Umfrage-Aktion der »Brigitte« traf im Frühsommer 2002 genau diesen Nerv. Postsäckeweise erreichten den Verlag über 3000 von Müttern beantwortete Fragebögen und 2490 wütende Mails. »Mit überwältigenden 72,2 Prozent beklagen sie die kinderfeindlichen Verhältnisse«, hieß es im Artikel. 76,3 Prozent der Mütter klagten über fehlende Betreuungsmöglichkeiten. Viele Leserinnen waren empört über »diesen Staat, der gar nicht daran interessiert ist, dass wir arbeiten«. Die Mütter waren »am Ende ihrer Geduld. Sie sind erschöpft.« Das ist auch der Eindruck, den viele Nichtmütter von Müttern haben, und die daher nicht wissen, wie sie sich entscheiden sollen. Vielleicht träumten deshalb auch manche meiner Interviewpartnerinnen davon, unter Bedingungen, wie sie etwa Claudia Schiffer hat, ein Baby zu bekommen. Mit einer eigenen Karriere im Rücken, mit sehr viel Geld auf der Bank und mit dem Wunschpartner an der Seite würden auch die Zögerlichen, die überall nur die Probleme sehen, den Mut zum eigenen Kind aufbringen. Aber so fühlen sich viele Frauen in der Kinderfrage wie gelähmt und verdrängen und verschieben die Entscheidung.

»Kinder sind für uns kein Thema«, hörte ich eine Frau in einer Boutique zur Verkäuferin sagen. In ihrer selbstbewussten Stimme schwang ein leicht frustrierter Unterton mit.

»Verhütet ihr?«, hakte die Verkäuferin nach.

»Nein«, antwortete sie, »aber wir schlafen auch sehr selten miteinander. Thomas hat reichlich Stress im Job, das schlaucht einfach, er hat oft keine Lust auf Sex.«

»Und, vermisst du was? Du bist ja auch schon 36?«, fragte die Verkäuferin zurück.

»Na ja, klar, manchmal hätte ich schon Lust, öfter mit ihm zu schlafen!«

»Nein, das meinte ich nicht. Ich meine, hättest du gern ein Kind?«

»Ach nein ... Wir sind auch so glücklich zusammen!«

»Ich würde die Jeans in Größe 38 anprobieren. Die müssen knalleng sitzen«, riet die Verkäuferin und wechselte das Thema. Vielleicht, weil sie sich dasselbe gefragt hatte wie ich? Glücklich? Wirklich?

Für mich hörte es sich ähnlich an wie bei einer Bekannten von mir. Sie ist 36 Jahre alt und Verwaltungsangestellte. Seit vier Jahren verhütet sie nicht mehr. Trotz häufigem Sex mit ihrem Freund wird sie nicht schwanger. Sie hat sich durchchecken lassen. Es war alles okay. Sie ist deshalb seit langem überzeugt, dass es an ihm liegen muss. Ihr Verdacht ist von anderer Seite bestätigt worden: Seine Exfreundin hatte sich nach vier Jahren von ihm getrennt, weil ihr der Kinderwunsch wichtiger gewesen war als die Beziehung mit ihm. Trotz endloser Diskussionen hatte er sich geweigert, sich untersuchen zu lassen. Nach der Trennung bekam sie dann in kurzem Abstand zwei Kinder von seinem Nachfolger. Inzwischen verspricht er seiner neuen Freundin zwar hoch und heilig, demnächst zum Arzt zu gehen, findet aber immer wieder neue Ausflüchte. Meine Bekannte ist ratlos. Wenn er nicht bald Ernst damit macht, möchte sie sich von ihm trennen oder sich hinter seinem Rücken einen zeugungsfähigen Lover suchen. Sie bezweifelt jedoch, dass sie das wirklich schafft. Sie liebt ihn zu sehr, als dass sie ihn betrügen könnte. Ihr Alptraum ist, dass er sich in ein paar Jahren von ihr trennt und mit seiner nächsten Freundin per künstlicher Befruchtung sofort ein Baby bekommt, während ihr nach zehn Jahren Beziehung mit ihm nichts übrig bleibt als Wechseljahrsbeschwerden und ein paar nette Urlaubsfotos an der Küchenpinnwand.

Frauen zögern aus vielerlei Gründen, ihren Kinderwunsch aktiv in die Tat umzusetzen. Sie berichten über starke ambivalente Gefühle: den tief verwurzelten Kinderwunsch einerseits und die tief sitzende Furcht, der Zukunft mit einem Kind nicht gewachsen zu sein, andererseits. Dabei spielen eine Vielzahl persönlicher Motive eine Rolle ebenso wie die gesellschaftlichen Rahmenbedingungen und die eigenen Ressourcen. Mir ging es vor allem um die Psychologie der Entscheidung, um die persönlichen Motive, die eigene Geschichte, die Wünsche und Ängste, die unsere Entscheidung beeinflussen. Doch dass die Bundesrepublik mit ihrer Geburtenrate zu den Schlusslichtern gehört, wie es Experten seit Jahren beklagen, hat nicht zuletzt damit zu tun, dass unsere Gesellschaft eltern- und kinderfeindlich ist und dass viele von uns recht antiquierte Vorstellungen pflegen, wie ein perfektes Familienleben und eine glückliche Kindheit auszusehen haben.

Deutschland – Entwicklungsland in Sachen Kinderbetreuung

Frauen, die keine Kinder haben, und Frauen mit Kindern, die mit privaten Arrangements berufliche Nachteile vermeiden können, sind bei allen Dilemmata die eigentlichen Gewinnerinnen der Moderne.

Cornelia Helfferich, Familienforscherin

Martine ist 33. Sie stammt aus Nantes, hat in Paris die Filmhochschule besucht und dort nach dem Abschluss in einer Produktionsfirma gearbeitet. Sebastian ist 36, er lebt und arbeitet in München und ist in einem Dorf in Schleswig-Holstein aufgewachsen. Er ist Betriebswirt.

»An Sebastian gefiel mir seine ruhige, zurückhaltende Art und dass er in mir von Anfang an eine gleichberechtigte Partnerin sah. Wir waren ineinander verliebt, aber wir waren gleichzeitig so etwas wie beste Freunde. Auch wenn wir uns sehr nah sind, bleiben wir jedoch in manchen Bereichen Ausland füreinander. Bei Meinungsverschiedenheiten schiebe ich die Schuld zuerst immer auf die unterschiedlichen Kulturen, in denen wir aufgewachsen sind. Die Unterschiede sind enorm und sorgen wie eine explosive Mischung immer wieder für Streit. Inzwischen weiß ich, dass das vielen deutsch-französischen Paaren so geht.

Wir lernten uns im Urlaub auf Mallorca kennen. Nach einem Jahr Dauertelefonieren und Pendeln zwischen Paris und München zog ich zu ihm, nachdem ich in München einen Job gefunden hatte. Ein halbes Jahr später wurde ich schwanger. Es war nicht geplant, aber es freute mich trotzdem sehr, umso mehr, als Sebastian vor Freude ganz aus dem Häuschen war. Er machte mir einen Heiratsantrag und überhäufte mich mit Geschenken. In Rekordzeit lernte ich seine Eltern kennen, seinen Bruder in Hamburg und seine Schwester in Kanada. Es war eine wunderschöne und sehr intensive Zeit.

Nur im Büro passierte etwas, womit ich nie gerechnet hatte: ›Nun willst du dich bestimmt voll und ganz um dein Baby kümmern‹, wurde mir mit säuerlicher Miene von meiner Chefin vorgeworfen, als der Zeitpunkt gekommen war, wo ich sie informieren musste. Sie war 39 und hatte keine Kinder. Als ich es ihr erzählte, hatte sie einen anstrengenden Tag mit wichtigen Kunden hinter sich. Ich kannte das Gefühl, dass einem vor Erschöpfung die Beine in den Körper sacken, und ich ärgerte mich darüber, dass ich den falschen Zeitpunkt erwischt hatte, um es ihr zu sagen. Nein, ich würde nicht lange pausieren, machte ich ihr klar. Ein Jahr höchstens, aber in der Zeit wolle ich gern stundenweise von zu Hause aus arbeiten, um drin zu bleiben. Doch ihre Miene blieb auch in den nächsten Tagen wie versteinert. Kein Funken von Freude, keine Gratulation.

Ich machte mir Gedanken über sie, ob sie vielleicht selbst keine Kinder kriegen konnte und deshalb so unfreundlich reagierte. Bald merkte ich jedoch, dass mich die meisten Frauen im Büro anders behandelten.

Ich gehörte plötzlich nicht mehr dazu. Ich wurde nicht gemobbt und nicht wirklich geschnitten, aber es war klar, dass man mich beruflich nicht mehr für voll nahm und dass alle fest damit rechneten, dass ich in eine lange Babypause gehen würde. Meine deutsche Freundin versuchte, mir eine Erklärung zu geben: Für kleine Firmen bedeute eine Schwangerschaft eine große finanzielle Belastung. Das sei der einzige Grund für die sauren Mienen.

Ich wollte mich bei Sebastian ausheulen, und erst als wir ins Reden kamen, wurde mir klar, dass er ganz anders über unsere Zukunft dachte als ich. ›Natürlich hörst du die ersten Jahre auf zu arbeiten‹, sagte er bestimmt. ›Wenn wir schon ein Kind bekommen, wollen wir doch auch etwas davon haben. Wir ziehen raus, wo es schön grün ist, wo die Luft noch gut riecht und wo du mehr Ruhe und Zeit für unser Baby hast.‹ Seine Vorstellung von einer schönen Kindheit war völlig anders als meine. Für Sebastian muss ein Kind romantisch aufwachsen. Fast wild. Ein Mädchen soll herumstreunen können wie Ronja Räubertochter. Mit nackten Füßen und wirrem Haar. Ich habe den Eindruck, dass man in Deutschland versucht, die Kinder in einer Kinderwelt großzuziehen. In Frankreich sind Kinder von Anfang an viel stärker Teil der Erwachsenenwelt und dadurch selbstverständlicher. Ein französisches Kind kommt sozusagen mit Lackschuhen zur Welt, aber es hat auch Rechte, die seine deutschen Altersgenossen nicht haben. Unsere Kinder dürfen lange aufbleiben, wenn Besuch kommt, den sie mögen. Für Sebastian muss ein Kind grundsätzlich um acht Uhr im Bett liegen.

Dass es für mich klar war, in München zu bleiben, und ich nicht daran dachte, in einem grünen Vorort zu versauern, stieß bei ihm auf kein Verständnis. Dabei hatte er sogar mit eigenen Augen bei seiner Mutter gesehen, wie unglücklich sie als Nurhausfrau mit drei Kindern gewesen war. Aus Frust über ihre verpassten Chancen tyrannisierte sie die ganze Familie mit ihrem Putzfimmel. So nachgiebig und passiv Sebastian in allem vorher gewesen war, so hartnäckig war er jetzt in der Kinderfrage. Wir stritten und versöhnten uns wieder. Und am Ende konnte er mich überzeugen, den deutschen Weg zu probieren. Wir mieteten uns ein Haus im Grünen.

Was das wirklich bedeutete, wurde mir erst klar, als ich einen Betreuungsplatz für unsere Tochter suchte. Mit zwci Jahren wollte ich sie trotz Sebastians Protest in einen Kindergarten geben. Doch daraus wurde nichts. Es gab keinen in der Nähe, und der nächst gelegene war völlig ausgebucht. Ich hätte Lisa dort schon vor ihrer Geburt anmelden müssen, um überhaupt den Hauch einer Chance zu haben. Wenn ich ab und zu freiberuflich arbeiten wollte, brauchte ich jemanden, der auf Lisa aufpassen konnte. ›Bist du verrückt geworden?‹, fragte Sebastian erschrocken, als ich die Tochter unseres Nachbarn vorschlug. Darauf hatte er ganz und gar keine Lust. Nicht nur, weil es für uns zu kostspielig war, ein Kindermädchen zu engagieren. Er fand es auch unmoralisch.

›Hast du Vertrauen zu einem 17-jährigen Mädchen? Hast du keine Angst um Lisa?‹

In Frankreich ist das völlig normal. Ich wurde schon als kleines Mädchen in die Obhut einer ›nounou‹ gegeben. Natürlich hätte ich nicht jeder beliebigen Frau mein Kind anvertraut. Ich hätte Lisa nur in gute Hände gegeben. Aber Sebastians vorwurfsvoller Blick machte mir ein schlechtes Gewissen. Er war als Kind zwei Wochen lang im Kindergarten gewesen und hatte das als grausame Erfahrung verbucht. Kindergärten waren brutal. Lisa sollte doch frei und glücklich aufwachsen. Aber so frei und glücklich kam mir das nicht vor, wenn ich den ganzen Tag mit ihr zusammen war. Anfangs waren wir total isoliert, weil Sebastian durch die langen Fahrtzeiten immer erst spät nach Hause kam und ich nur wenige Mütter in der Umgebung kennen lernte.

Überhaupt entpuppte er sich nicht als Traumvater. Er zog sich zurück und half mir so gut wie gar nicht mehr im Haushalt. Seit unserem Umzug aufs Land hatte sein Respekt vor mir deutlich nachgelassen. Er erwartete plötzlich, dass ich den Haushalt wie ein Profi schmiss und ihn betütelte, sobald er nach Hause kam. Sebastian war eigentlich ein zärtlicher Vater, aber er war manchmal seltsam streng und dogmatisch. In Frankreich werden die Kinder von ihren Eltern auch streng angeleitet, aber gleichzeitig mehr verwöhnt. Wir tragen zum Beispiel die schweren Schultaschen für unsere Lieblinge und überhäufen sie gern mit tröstenden

Worten, wenn sie sich wehgetan haben. Wir delegieren die Strenge am liebsten an die Fachleute im Kindergarten und in der Schule. In Deutschland ist es genau umgekehrt. Hier dürfen die Fachleute nicht streng sein, das müssen die Eltern übernehmen. Wenn Lisa sich zum Beispiel am Kamin verbrannt hatte, wurde sie von Sebastian nicht bedauert, sondern belehrt. Das fand ich furchtbar.

Einmal kam eine ehemalige Kollegin zu uns nach draußen. Sie sei schwanger, vertraute sie mir strahlend an. ›Vielleicht sollten wir alle vier nach Südfrankreich ziehen‹, schlug sie scherzend vor. In dem Augenblick hätte ich vor Heimweh heulen können. In Frankreich hätte ich anders leben können. Ab drei Jahren gehen die Kinder in die kostenlose *école maternelle*, eine Mischung aus Kindergarten und Vorschule, und werden dort vom frühen Morgen bis zum Nachmittag betreut. Für ein Mittagessen ist gesorgt, für kindgerechte Anregungen und eine gute Erziehung auch. Dasselbe gilt für die Grundschule, die jeden Tag um 16.15 Uhr endet. Der Abend gehört ganz der Familie. Da werden unsere Kinder hemmungslos verwöhnt. Ich musste ganz schön schlucken, als mir klar wurde, dass es das alles hier nicht gibt.

Die meisten deutschen Mütter, die ich inzwischen kenne, sind nicht so glücklich mit den Verhältnissen, wie Sebastian mir lange weismachen wollte. Sie sind wütend über die schlechten Betreuungsmöglichkeiten, die den Wiedereinstieg in den Beruf oft zum Glücksspiel machen. Mich überraschte jedoch, dass manche der

Frauen gleichzeitig der Ansicht waren, dass es das Beste für ein Kind sei, wenn die Mutter zu Hause bleibt. Sie befanden sich in dem Zwiespalt, einerseits arbeiten zu wollen, andererseits aber auch nicht, weil dies den Kindern vielleicht schaden könnte.

Noch geht Lisa nicht in die Schule. Aber ich würde am liebsten möglichst schnell wieder nach München zurückziehen. Dort gibt es wenigstens eine französische Schule – mit französischen Zeiten. Sebastian ist allerdings immer noch stur ...«

Jede Frau in Frankreich, ob reich, ob arm, ob Ehefrau des Regierungschefs, Verkäuferin oder Studentin, kann die staatlichen Einrichtungen nutzen, und nahezu 100 Prozent der französischen Mütter tun dies auch. Schwedische Mütter gehen mittlerweile in der zweiten Generation gut ausgebildet und ganz selbstverständlich einem Beruf nach. Die flächendeckende Einführung von Ganztagsschulen und ein funktionierendes Betreuungssystem für Kleinkinder, das seit 1945 in allen skandinavischen Ländern kontinuierlich ausgebaut wurde, haben dies möglich gemacht. Keiner glaubt deshalb, dass französische oder skandinavische Kinder neurotischer sind als unsere. In der PISA-Studie haben sie bessere Leistungen gezeigt, und auch Vergleiche im Grundschulbereich erbrachten teilweise ähnliche Ergebnisse.

In Westdeutschland hatten im Jahr 2000 nur vier Prozent der Kinder unter drei Jahren einen Platz in einer Kinderkrippe. Von den Drei- bis Sechsjährigen, die einen Kindergarten besuchten, hatten nur 17 Prozent einen Ganztagsplatz. Die viel beschworene Kindergartenplatzgarantie sorgt zwar dafür, dass 77 Prozent der Kinder ab drei Jahren Betreuung erhalten. Doch nur jedes sechste Kind aus dieser Altersgruppe, das einen Platz ergattert hat, kann länger als drei bis vier Stunden am Tag betreut werden. Für die anderen ist noch vor dem Mittagessen Schluss mit der Betreuung. Das reicht Müttern nicht einmal für einen Halbtagsjob! In Ostdeutschland funktioniert das System dank der eingebrochenen Geburtenraten trotz rapidem Abbau immer noch sehr viel besser als im Westen. 12 Prozent der ganz Kleinen bis einschließlich zwei Jahren werden ganztags betreut. 64 Prozent der Krippeneinrichtungen, 71 Prozent der Kindergärten und 25 Prozent der Horte für Schüler garantieren ein warmes Mittagessen und lange Öffnungszeiten.

Die schlechten Betreuungsmöglichkeiten spiegeln sich in unserer Fertilisationsrate, wie die Graphik auf der folgenden Seite zeigt. Damit unsere Bevölkerungszahl annähernd gleich bleibt, bräuchten wir mindestens eine Geburtenziffer von 1,7. Aber solange Beruf und Familie nicht vereinbar sind, entscheiden sich europäische Frauen immer häufiger gegen ein Kind.

Die Unterschiede zwischen den europäischen Staaten sind nicht immer riesig. Aber jedes Land ist aufgrund seiner Tradition und seiner jeweiligen politischen Verhältnisse seinen eigenen Weg gegangen. Abgeschlossen ist die Entwicklung nirgendwo. Überall wird gemäß der

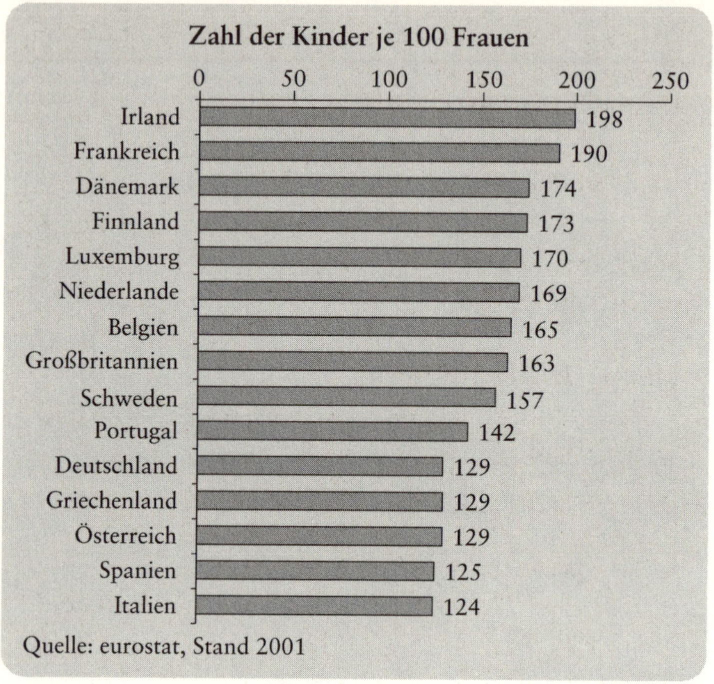

Wünsche der Bevölkerung und des Wandels der gesellschaftlichen Verhältnisse laufend nachgebessert. Denn nahezu überall sinken die Geburtenraten und fehlen Betreuungsmöglichkeiten, selbst in Vorzeigeländern wie Frankreich und Schweden. Wenn wir Westdeutschland mit Frankreich und Schweden vergleichen, werden drei unterschiedliche Wege sichtbar, die die Europäer in der Vergangenheit eingeschlagen haben. Die größte Kluft zwischen gewünschtem und tatsächlichem Lebensmodell empfinden unter den Müttern dieser drei Länder die deutschen Frauen mit Kindern unter sechs Jahren,

Wunsch und Wirklichkeit: Berufstätigkeit von Eltern mit Kindern unter sechs Jahren
(Alle Angaben in Prozent)

Mutter Nurhausfrau, Vater Vollzeit

	Schweden	*Frankreich*	*Deutschland*
Tatsächlich	24,9	38,3	52,3
Gewünscht	6,6	14,1	5,7

Mutter und Vater Vollzeit

	Schweden	*Frankreich*	*Deutschland*
Tatsächlich	51,1	38,8	15,7
Gewünscht	66,8	52,4	32,0

Mutter Teilzeit, Vater Vollzeit

	Schweden	*Frankreich*	*Deutschland*
Tatsächlich	13,3	14,4	23,1
Gewünscht	22,2	21,9	42,9

Quelle: OECD, Employment Outlook, 2001

die selbst nicht erwerbstätig sind und mit einem erwerbstätigen Partner zusammenleben.

In allen drei Ländern herrscht mittlerweile das Leitbild der Vereinbarkeit von Familie und Beruf vor. In Frankreich und Schweden wünschen sich mehr als die Hälfte der Mütter eine Vollzeitbeschäftigung. In Deutschland liegt die Priorität der Mütter auf dem Wunsch nach einer Teilzeitarbeit. Die Wahrscheinlichkeit, dass eine Mutter einen Betreuungsplatz für ihre Kinder findet, und die Kosten, die das ihrer Familie verursacht, sind in jedem Land anders.

In Schweden wurde schon in der Vergangenheit großer Wert auf die Vereinbarkeit von Familie und Beruf gelegt. Die öffentliche Betreuung von kleinen und großen Kindern gehört in Schweden zu den wichtigen gesellschaftspolitischen Anliegen. Die Kommunen sind verpflichtet, allen Kindern im Alter von ein bis zwölf Jahren einen Betreuungsplatz bereitzustellen. Diese Verpflichtung galt lange Zeit allerdings nur, wenn die Eltern einen Arbeitsplatz hatten oder studierten. Wer seinen Job verlor, verlor in rund 40 Prozent der schwedischen Kommunen den Betreuungsplatz gleich mit, weil das der geltenden Gesetzeslage entsprach. Jede Frau kann sich zwar ohne moralischen Druck für ein Kind und für die Berufstätigkeit entscheiden. Der Schwachpunkt im schwedischen System war jedoch die Benachteiligung von Müttern, die arbeitslos wurden oder nicht berufstätig sein wollten. Nurhausfrauen erfuhren weniger Unterstützung, galten als rückständig und wurden nicht selten herablassend gefragt, was sie überhaupt den ganzen Tag machen würden. Erst seit dem Jahr 2002 haben alle Eltern für ihre Kinder zumindest einen Anspruch auf eine dreistündige Betreuung am Tag.

Für berufstätige Mütter ist Schweden aus unserer Sicht ein Paradies. Die Kindertagesstätten (*daghem*) haben das ganze Jahr über täglich elfeinhalb Stunden geöffnet, die Kindergärten (*deltigsgruppen*) haben halbtags geöffnet. Jeweils fünf Kinder unter drei Jahren haben einen Betreuer für sich. Darüber hinaus gibt es ein öffentlich subventioniertes System an Nachtkindergärten, Tagesmüttern und Krabbelgruppen, die für die Eltern teilweise kostenfrei sind. Doch allgemein sind die Kosten für die Kinderbetreuung in den letzten Jahren erheblich gestiegen. Der Unmut wächst. Auch weil trotz des gut ausgebauten Systems selbst in Schweden die Nachfrage das Angebot übersteigt.

In Frankreich entscheiden die Mütter selbst, ob sie arbeiten möchten oder nicht. Das staatlich ausgebaute Betreuungssystem ist für alle Kinder ab drei Jahren kostenlos. Vorurteile gibt es nicht. Jede Mutter kann tun, was sie für richtig hält. Die traditionelle französische Familienpolitik war die Politik des dritten Kindes. So zahlt der Staat als einziges Land in Europa erst ab dem zweiten Kind überhaupt ein Kindergeld. Das französische Schulsystem beginnt mit der für alle kostenlosen *école maternelle*, deren Besuch freiwillig ist, die aber alle Kinder ab drei Jahren besuchen. Die große Akzeptanz der französischen Vorschule hat mit ihrer langen Tradition zu tun. Seit 1881 ist sie in das französische Schulsystem integriert. Ein weiterer Grund ist, dass der Besuch der Vorschule für den Schulerfolg maßgeblich ist, weil alle Kinder hier schon früh lesen und schreiben lernen. Wer da nicht mitgemacht hat, kann später nur schwer in der Schule mithalten.

Für Kinder unter drei Jahren gibt es die *crèches collectives*, die Kollektivkrippen oder die *crèches par*[illegible] die Elterninitiativkrippen, die beide vom Staa[illegible] stützt werden. Darüber hinaus gibt es Betriebskindergärten, regionale Familienfonds und viele andere Initiativen. Die Variationsbreite innerhalb der staatlich geförderten Betreuungsangebote ist in Frankreich die größte im Drei-Länder-Vergleich. Trotz der Ausbauanstrengungen übersteigt die Nachfrage nach Krippenplätzen auch in Frankreich das Angebot. Rund 29 Prozent der unter Dreijährigen bekommen einen Krippenplatz in einer staatlichen oder privaten Einrichtung, so eine OECD-Studie aus dem Jahr 2001. In Schweden waren es 48 Prozent und im vereinten Deutschland nur 10 Prozent.

Die privaten Betreuerinnen, die *nounous* und *francas*, gehören ganz selbstverständlich zum französischen System. Sie sind vergleichbar mit günstigen Tagesmüttern, und sie betreuen die Grundschulkinder auch am freien Mittwochvormittag, den die katholische Kirche für den Religionsunterricht in den Grundschulklassen durchgesetzt hat. Alle Phasen des Bildungssystems vom Kindergarten bis zum Abitur sind als verlässliches Ganztagssystem ausgebaut.

In Deutschland wurde dagegen in der Vergangenheit im Westen ein Familienmodell unterstützt, in dem die Frau die Kinder zu Hause betreute, während der Mann das Geld verdiente. Seit Beginn des 19. Jahrhunderts werden hierzulande die fehlenden staatlichen Betreuungsmöglichkeiten für arbeitende Frauen mancherorts durch betriebliches Engagement ein bisschen kompensiert. In der Hochzeit der Stahlkocher und Bergarbeiter waren 30 Prozent der Kinder im Ruhrgebiet in der Obhut der Arbeitgeber ihrer Eltern. Wenig reizvoll aus französischer Sicht. Die Franzosen trauen ihrem Staat mehr Qualität zu als ihren Unternehmern. Deshalb gibt es dort nur wenige derartige Einrichtungen, während sie in Deutschland für große Unternehmen obligatorisch sind, um Mitarbeiterinnen zu halten. Unternehmen ohne eigene Kindergärten organisieren neuerdings vermehrt über Agenturen die Kindergartenplatzbeschaffung. Ein Muss angesichts der katastrophalen Unterversorgung mit Kindertageseinrichtungen in Westdeutschland. »Deutschland ist ein Entwicklungsland«, kritisierte der Wirtschaftsweise Bert Rürup die mangelhafte Betreuung von Kleinkindern in unserer Republik Ende 2003 in der in der Tageszeitung »Die Welt«. Rürup plädiert, seit er sich einen Einblick in die deutschen Verhältnisse verschafft hat, für einen massiven Ausbau der Kinderbetreuungseinrichtungen, um unseren Wohlstand nicht zu gefährden.

Die Bundesrepublik leistet sich mit 2,73 Prozent des Bruttosozialproduktes eine großzügige Familienförderung, ein bisschen großzügiger sogar noch als die Franzosen. Die Leistungen werden jedoch nicht in Betreuungsmöglichkeiten investiert, sondern in Form von Kindergeld, Steuerfreibeträgen und Erziehungsgeld ausgezahlt. In Zukunft soll deutlich mehr Wert auf die Vereinbarkeit von Familie und Beruf gelegt werden, um Frauen, die berufstätig bleiben wollen, mehr Anreize zur Familiengründung zu geben. Beinahe wöchentlich verschickt das Pressereferat des Bundesministeriums für Familie, Senioren, Frauen und Jugend neue Meldungen, die die Vereinbarkeit von Familie und Beruf betreffen. Es geht um eine Zukunft mit mehr Kindern, um den Ausbau der Kinderbetreuung, um Steuerfreibeträge für Alleinerziehende, um Kinderzuschläge für gering verdienende Eltern, um den Ausbau von Ganztagsschulen und um die Erweiterung des Angebots an Kitaplätzen. Aber in der Praxis hapert es nach wie vor.

Öffentliche Ausgaben für Familien in Schweden, Deutschland und Frankreich
(in Prozent des Bruttoinlandsprodukts 1998)

	Schweden	*Frankreich*	*Deutschland*
Geldleistungen	1,63	1,46	1,93
Dienstleistungen *(wie Krippen, Kindergärten)*	1,68	1,23	0,8

Quelle: Zusammengestellt nach Bertelsmannstiftung (Hrsg.), Vereinbarkeit von Familie und Beruf, 2000.

Dass diese Überlegungen nicht nur Kopfgeburten sind, beweist zurzeit eine kleine Gemeinde im Münsterland. Das 6500-Seelen-Dorf Laer hat es in der letzten Zeit zu einer gewissen Berühmtheit gebracht, weil die Frauen hier die meisten Kinder in Deutschland zur Welt bringen. 2002 wurden pro 1000 Einwohner in Laer 13,5 Kinder geboren. Im geburtenstärksten Bundesland Niedersachsen waren es lediglich 9,5. Der Grund sollte die rückwärtsgewandten Politiker aller Parteien aufhorchen lassen. In dem kleinen Dorf gibt es fünf öffentliche Einrichtungen, darunter mehrere Tagesstätten, die bis in den Nachmittag hinein geöffnet haben, eine Elterninitiative, die die ganz Kleinen versorgt, und eine Ganztagsschule. Der Bürgermeister hatte in seinem Wahlkampf 1999 auf Familienförderung gesetzt und, obwohl der Grünenpolitiker in der CDU-Hochburg ein Außenseiter war, gewonnen. Er hat damit seiner Gemeinde innerhalb kürzester Zeit das Wachstum beschert, das sich viele für das ganze Land wünschen würden.

In Sachen Kinderbetreuung ist unser Land gespalten. Im Osten dominiert die berufstätige Mutter. Im Westen geben viele Mütter unfreiwillig ihren Beruf auf oder zimmern sich mit viel Organisationstalent und Glück eine private Lösung zurecht. Syri, 33, wuchs im Osten auf und lebt heute in Hamburg. Auch sie berichtet über diesen Unterschied zwischen Ost und West:

»Wenn ich an Erfurt denke, wo ich Kindergärtnerin war, erinnere ich mich an Mütter, die ihre Kinder morgens um sechs Uhr im Kindergarten abgaben und an Väter, die sie um 16.30 holten. Alle waren eingebunden. Der Karrieredruck für Männer und Frauen war nicht so groß, es gab die eigene Familie, die Freunde, das Grün überall. Man wusste einfach, man wird aufgefangen und mitgenommen, wenn man sich für ein Kind entscheidet. Ich habe mich um ein Stipendium bemüht, im Westen studiert und viel getan, um berufliche Anerkennung zu bekommen. Auch wenn oft das Gegenteil behauptet wird, ich habe das Gefühl, ich muss mich entscheiden. Für die Familie oder für den Beruf. Man kann beides nicht wirklich miteinander verbinden, weil der Druck im Job so groß ist. Mit einem Kind in fremder Umgebung, ohne Familie, ohne Eltern, ist man im Westen sehr allein. Fast wöchentlich werde ich jetzt von Geburtsnachrichten überrollt. Meine Freundinnen im Osten bekommen Kinder, auch allein. Ich weiß nicht, wie ich mich entscheide. Ohne Partner kann ich es mir im Westen nicht vorstellen. Es ist schwer, hier die Verantwortung zu übernehmen. Ich möchte nicht unglücklich werden.«

Unser Versäumnis ist, dass in Westdeutschland die Kleinkinderbetreuung und die Ganztagsbetreuung in Kindergarten und Schule in der Vergangenheit zu lange als organisierte Lieblosigkeit schlecht gemacht wurden. »Gegen die Ganztagsschule spricht«, schrieb noch jüngst der Erziehungswissenschaftler Peter Struck im »Hamburger Abendblatt«, »dass sie den Familienzerfall beschleunigen könnte, weil sie ›Hausfrauen‹ ermuntert, berufstätig zu werden.« Immerhin plädiert der Hamburger Wissenschaftler für die »offene Ganztagsschule«, in der die Schüler am Nachmittag freiwillig länger bleiben können, wenn sie oder ihre Eltern das möchten.

Unser ehemaliger Bundeskanzler Helmut Kohl hat anlässlich des vierzigjährigen Bestehens des Familienministeriums seine Bedenken so formuliert: »In der Familie erfahren Menschen Geborgenheit und Zuwendung. In ihr können am besten Werte vermittelt und

Verhaltensweisen eingeübt werden, ohne die die solidarische und humane Gesellschaft nicht existieren kann: Liebe und Vertrauen, Toleranz und Rücksichtnahme, Opferbereitschaft und Mitverantwortung, Selbständigkeit und Mündigkeit ... als Lebens- und Erziehungsgemeinschaft erbringt die Familie unverzichtbare Leistungen für die Gesellschaft, die andere Institutionen gar nicht oder nur unvollkommen bereitstellen können.«

Dass er Kindertagesstätten und Kinderkrippen, die schließlich zum Aufgabengebiet des Familienministeriums gehörten, unterstellte, sie könnten humane Werte und Verhaltensweisen gar nicht oder nur unvollkommen vermitteln, zeigt die geringe Akzeptanz dieser Einrichtungen in manchen Kreisen. Seit August 1998 existiert ein Lehrplan für schwedische Vorschulen, in welchem die Ziele und Qualitätskriterien ihrer Institutionen definiert sind. Es ist dort von Sorge und Rücksichtnahme gegenüber anderen Menschen die Rede, von Gleichstellung, Solidarität und Toleranz. Familie und Institutionen ergänzen sich und steigern im Zusammenspiel die Qualität. Edmund Stoiber wählte laut der Zeitschrift »Emma« für seine Kinder die Ganztagsschule. Er wird schon wissen, warum.

In keinem anderen Land Europas standen die Bürger, nicht nur die Politiker, einem Ausbau der Kinderbetreuung und einem ganztägigen Schulsystem so lange so negativ und so ablehnend gegenüber wie in Deutschland. Für uns kann sich ein Kind nur im Schutz der Mutter geborgen fühlen und frei entfalten, wie Martine treffend beobachtet hat. Der Tauschhandel der Nachkriegszeit – die Frau betreut die Kinder, und der Mann verdient das Geld – bildet bis heute die Basis für den deutschen Sonderweg.

Die meisten Männer der Jahrgänge 1950 bis 1980 haben bei uns früh gelernt, sich auf Frauen zu verlassen. Ihre Mütter stellten ihnen das Essen auf den Tisch, wuschen ihnen die Wäsche und hielten die Wohnung in Schuss. Die Mutter war immer da, wenn man sie brauchte, und hatte immer ein offenes Ohr für die Probleme der anderen. Dass sie selbst auch Bedürfnisse hatte, war den wenigsten Söhnen bewusst. Im Grunde sei ihre Mutter immer ganz zufrieden gewesen, sind die meisten überzeugt. Ihnen ist nicht klar, was am Hausfrauenschicksal so unangenehm sein soll. Träumen wir nicht alle davon, den ganzen Tag in der Hängematte zu liegen und keinen Chef im Nacken zu haben? Deshalb ist Sebastian auch der Meinung, dass es für Martine gar nicht so schlimm sein kann, wie seine Mutter zu leben.

Trendforscher verirren sich sprachlich selten in die graue Realität. Sie drücken sich lieber in fototauglichen Hochglanzbildern aus. Seit Jahrzehnten prophezeien sie uns die Renaissance der Familie. »Die neue deutsche Hausfrau«, behauptete erst vor drei, vier Jahren ein Hamburger Trendbüro vollmundig, »bevorzugt die traditionelle Frauenrolle. Sie träumt von der High-Society-Welt des Denver Clans.« Im Gegensatz dazu sah der Autor die neue Karrierefrau. »Der modernen Amazone geht ihre Karriere über alles. Sie regelt ihr Leben per Handy und Internet. Sie tut dies ohne Verbissenheit, die die Männer in den 80er Jahren so abgestoßen hat.« Wie schön. Hier die entspannte Hausfrau in der Villa mit ihrem süßen Kind im Arm und ganz ohne Breiflecken auf dem T-Shirt, dort die entspannte weibliche Führungskraft in der rosaroten Arbeitswelt, die natürlich nie mit Magenkrämpfen zu kämpfen hat. Auf Hochglanz gibt es nur die zwei deutschen Frauenwelten, die nichts miteinander zu tun haben. Zwei Lebenskonzepte, zwei Frauenbilder, die sich, zugespitzt formuliert, beinahe so zu unterscheiden scheinen wie früher Hure und Heilige. Dabei steckt in vielen Müttern auch eine berufstätige Frau und nicht selten auch eine Karrieristin und in vielen Karrieristinen eine Frau, die oft genug ernsthaft über ihren Kinderwunsch nachgedacht hat.

Für die meisten Frauen kommt heutzutage die Rolle der Nurhausfrau nicht mehr infrage. Ihr Beruf macht ihnen alles in allem Spaß, und sie wissen, wie aufreibend und undankbar das Hausfrauendasein ist und wie unglücklich es manche ihrer Mütter und Tanten gemacht hat. Sie wuchsen in dem Bewusstsein auf, dass ihnen die Welt offen stehen würde. Je besser ihre Ausbildung war, desto weniger konnten sie sich vorstellen, später das Leben ihrer Mütter zu führen. In den Köpfen der Frauen hat der eigene Beruf den Ehemann als Versorger abgelöst. Finanziell unabhängig zu sein und einen interessanten Beruf zu haben, hebt das Selbstbewusstsein, schafft Kontakte und eröffnet neue Chancen im Leben. Mit den Wahlmöglichkeiten verändern sich auch die Einstellungen zum eigenen Leben. Wer bin ich? Was macht mich glücklich? Wie mache ich das Beste aus meinem Leben? Die eigenen Gefühle sind der Gradmesser für ein glückliches Leben geworden. Wer es schafft, seinen eigenen Weg zum Glück zu finden, steht auf der Gewinnerseite. Egal, ob mit Kindern oder ohne. Mit Mann oder ohne. Mit Karriere oder ohne.

Auch wir deutschen Dinosaurier sind langsam in Bewegung geraten: Mitte der achtziger Jahre wurde der »Familiensurvey« des deutschen Jugendinstitutes unter Leitung von Hans Bertram ins Leben gerufen, um den Wandel und die Entwicklung der Lebensformen in der Bundesrepublik systematisch verfolgen zu können und um aktuelle Trends zu ermitteln. Das Projekt wird seitdem vom Familienministerium finanziert und inhaltlich begleitet. In einer ersten Welle 1988, in einer zweiten 1994 und einer dritten im Jahr 2000 erhoben die Forscher repräsentative Daten. Die Ergebnisse der dritten Welle wurden im Sommer 2003 vom Bundesministerium präsentiert. Diesmal wollte man ausloten, »wie Menschen ihre familiäre und außerfamiliäre Umwelt erleben, wie sie darin handeln, auf welche Bedingungen und Zwänge sie Rücksicht nehmen.« Über 8000 Frauen und Männer aus Ost und West wurde der Fragenkatalog vorgelegt. Auf die Frage »Leidet ein Kind unter der Berufstätigkeit der Mutter?« antworteten 56 Prozent der westdeutschen und 35 Prozent der ostdeutschen Frauen mit Ja.

Diese Ansichten waren vom Bildungsgrad abhängig. Je höher der Bildungsgrad, desto größer die Akzeptanz von Betreuungseinrichtungen. Trotz des allmählichen Wandels im Bewusstsein fehlt die französische und schwedische Selbstverständlichkeit, die nur aus guten Erfahrungen entstehen kann. In Deutschland gehört mehr Mut, Durchsetzungskraft und Glück dazu, sich für eigene Kinder *und* Karriere zu entscheiden als bei vielen unserer europäischen Nachbarn. Der Mangel an guten Betreuungsplätzen ist vielerorts so groß, dass die Berufstätigkeit der Mütter ausschließlich von privaten Arrangements abhängt, von Großeltern, Freundinnen, Elterninitiativen oder – wenn ausreichend finanzielle Mittel zur Verfügung stehen – von Kinderfrauen und Au-Pair-Mädchen.

Es sind fast immer die Frauen, die beruflich zurückstecken, wenn ein Kind kommt. Nur 2,4 Prozent der deutschen Väter beantragten 2002 Erziehungsurlaub. In Schweden war das ganz anders. In keinem anderen Land Europas gibt es so viele Väter, die Elternurlaub nehmen. 1999 war es mehr als ein Drittel der Männer, die ihren Nachwuchs selbst betreuten. Das Staatsinstitut für Familienforschung an der Universität Bamberg hat kürzlich ermittelt, warum so wenige deutsche Männer Erziehungsurlaub in Anspruch nehmen. Die Gründe überraschen nicht: 75 Prozent der Männer gaben als ein Entscheidungskriterium an, dass ihr Einkommen deutlich höher liegt als das ihrer Frau. Ein Viertel wollte außerdem den Anschluss im

Beruf nicht verlieren, ein Viertel wollte auf Karrierechancen nicht verzichten. Für ihre Frauen allerdings bedeutet die Mutterschaft gar nicht so selten das berufliche Aus.

Es stimmt, die Väter von heute sind anders als ihre eigenen Väter. Sie spielen gern mit ihren Kindern und übernehmen Verantwortung in der Erziehung. Doch wenige sehen es als ihre Aufgabe, Brei zu kochen, einzukaufen, zu putzen oder die Wäsche zu waschen. Damals wie heute bleibt der Löwenanteil der Hausarbeit an den Mütter hängen. Das ärgert viele Frauen. Das Leben schwer gemacht wird den berufstätigen Müttern auch durch Anfeindungen von Kollegen, Verwandten und Freunden. So mancher hierzulande meint, zu arbeiten und gleichzeitig Kinder zu haben sei derartiger Stress, dass nur eine Rabenmutter beides wollen kann. In Gedanken entsteht das Bild traurig dreinblickender, allein gelassener Kinder. Es fällt uns schwer, uns moderne Alternativen vorzustellen. Intensiv verbrachte Zeit mit den Kindern. Freiräume zum Auftanken. Einen individuellen Lebensstil, der die Möglichkeiten nutzt, die unsere moderne Welt zu bieten hat.

Das Ergebnis dieser schwierigen Situation ist nicht selten die »Bastelbiografie« der deutschen Mütter: gute Ausbildung, Karrierestart, Schwangerschaft, lange Babypause und danach Teilzeit in einem schlecht bezahlten Job, der nicht der guten Ausbildung entspricht. Manchmal geht eine Mutter nach der Babypause auch direkt in die Arbeitslosigkeit, von der ältere Frauen hierzulande am härtesten betroffen sind. Damit sind nicht nur die Karrierechancen, sondern auch die Aussichten auf eine Rente im Alter dahin. Schwierig wird die Abhängigkeit vom Verdienst des Mannes auch dann, wenn die Beziehung in die Brüche geht, eine heutzutage immerhin realistische Möglichkeit. Nicht selten droht dann ein sozialer Abstieg. Eine Million Kinder und Jugendliche unter 18 Jahren waren 2002 Sozialhilfeempfänger. Die Sozialhilfequote von Kindern ist doppelt so hoch wie im Bevölkerungsdurchschnitt. Über die Hälfte der Kinder, die Sozialhilfe bezogen, lebten in Haushalten allein erziehender Mütter.

Viele Mütter, die den eigenen Beruf aufgeben mussten, beklagen nicht nur die finanzielle Abhängigkeit. »Es macht nicht gerade klüger, Kinder groß zu ziehen«, berichtet Johanna, 41, Mutter von zwei Kindern, Journalistin. Drei Jahre hat sie nach der Geburt ihrer Tochter mit Hilfe einer Tagesmutter weitergearbeitet. Als ihre zweite Tochter vor acht Jahren auf die Welt kam, gab sie die Arbeit auf. »Mütter leben in Deutschland auf ihrem eigenen Planeten«, erzählt sie. »Vorher waren wir beruflich engagiert, emanzipiert, hatten Zeit zum Klönen und Ausgehen. Ist das Baby da, haben wir Mütter erst mal jahrelang keine Zeit mehr für uns selbst und keinen Atem mehr, um Adorno oder Grass zu lesen. Bei uns dreht sich alles um die Kinder. Das Kind wird zu seinen Spielkameraden gefahren und später zu den diversen Kursen: zum Klavierspielen, zum Ballettunterricht, zum Reiten, zum Hockey, zur Selbstverteidigung und zur Nachhilfe. Dazwischen finden Treffen mit anderen Müttern statt, die zufällig Kinder im gleichen Alter haben, Arzttermine, Verwandtentermine. Dazu kommt der angeschwollene Haushalt, das ewige Waschen, die durchwachten Nächte.«

Johanna sagt: »Meine beiden Kinder sind das Größte, was ich in meinem Leben zustande gebracht habe, aber ich bin auch zu nichts anderem gekommen. Ich bin jetzt 41, die Teilzeit am Anfang nicht mitgerechnet, seit elf Jahren aus dem Beruf raus. Ich würde gern wieder arbeiten. Aber so vieles ist anders geworden. Die Zeitung, für die ich geschrieben habe, gibt es nicht mehr. Ich weiß nicht, ob ich noch einen Job bekomme. Mit über 40? Kann ich überhaupt noch mithalten? Ja, ich drücke mich. Ich war dankbar für die Pause, aber langsam liegt sie mir im Magen. Selbst in den Mütterrunden werde ich schon belächelt, wenn ich sage, ich sei Journalistin. Wenn ich ehrlich wäre, würde ich sagen, ich bin von Beruf Mutter, und das weiß jede, die mich ein bisschen besser kennt.«

Die Kinder werden – oft unabsichtlich – zum neuen Beruf der nicht berufstätigen Mütter. Manche versucht, die neuen Aufgabe mit der gleichen Perfektion und Effizienz anzugehen wie früher die Herausforderungen im Beruf, und entwickelt sich dabei zum verbissenen mütterlichen Profi. Was ist das Beste für das Kind? Was ist die beste Psychologie, die beste Ernährung, die beste Pflege, die beste Erziehung? Was ist mit der Glaubensfrage, der Kindergartenfrage, der Großelternfrage? Was ist die richtige Kleidung, welches das richtige Spielzeug, das richtige Kinderzimmer, das richtige Bett?

Viele von uns wissen nicht, ob sie sich mehr davor fürchten sollen, eine unzufriedene »Frustmutter« zu werden oder eine karriereversessene kinderlose »Frustfregatte«. Dabei müssten wir uns nicht zwischen Schwarz und Weiß entscheiden. Zwischen Kind und Karriere. Gäbe es endlich mehr Betreuungsmöglichkeiten, hätten auch mehr Frauen den Mut, beides miteinander zu verbinden. Mittlerweile hat die Politik das Problem längst erkannt, doch – trotz aller Klagen über die niedrigen Geburtenraten – wird kaum etwas unternommen. Dabei würden mehr Ganztagsplätze nicht nur Kosten verursachen.

Das deutsche Institut für Wirtschaftsforschung hat 2002 ein Gutachten erstellt, das Mut macht, an die Wirtschaftlichkeit von ganztägiger Kinderbetreuung zu glauben. Die Einsparungen im Bereich der Sozialhilfe bewegen sich bei den 244000 allein erziehenden Müttern, die von der Sozialhilfe leben, um 1,5 Milliarden Euro. Steuereinnahmen und die Sozialversicherungseinnahmen würden zusammen bei über 11 Milliarden Euro liegen. Rund 430000 Fachkräfte müssten dafür eingestellt werden.

Es sind nicht nur die finanziellen Gründe, die den Ausbau einer verlässlichen Ganztagsbetreuung behindern. Immer noch gibt es in unserer Gesellschaft ein tief sitzendes Misstrauen gegenüber berufstätigen Müttern. Dass die Betreuung von Kindern außerhalb der Familie in anderen Ländern nicht auf dieselben psychologischen Barrieren in den Köpfen der Volksvertreter und ihrer Wähler stößt, hat einen Grund. Dass es hierzulande so ist, wie es ist, hat viel ältere Wurzeln als die aktuelle Finanznot der Kommunen.

Von Rabenmüttern und Schlüsselkindern

> Eine Mutter daheim ersetzt vielfach Autos, Musiktruhen und Auslandsreisen ... Für das Mutterwirken gibt es nun einmal keinen vollwertigen Ersatz.
>
> *Franz Wuermeling, erster Bundesfamilienminister*

Im Supermarkt an der Kasse stand eine Mutter mit ihrem etwa dreijährigen Sohn. Das Band war voll gepackt mit Äpfeln, Müsli, Joghurt und anderen gesunden Sachen. Er hielt eine Tüte Katzenpfötchen in der Hand, die er im Vorbeigehen noch blitzschnell aus dem Regal gezerrt hatte, und schluchzte herzzerreißend. Sie hielt das Handy am Ohr und redete offenbar mit einem Klempner, den sie versetzt hatte.

»Mama! Kaufen! Kaufen!«, schrie der Junge verzweifelt und hielt ihr die Tüte entgegen.

»Bitte, leg das sofort wieder zurück!«, erwiderte sie bestimmt, während sie den Klempner beschwor, dass sie nur noch eine Minute brauchen würde. Der Kleine warf die Tüte unter Protestgeheul aufs Laufband. Seine Mutter schüttelte den Kopf. »Wie oft soll ich das noch sagen, bring das sofort wieder zurück!«

»Bitte«, sagte er im zuckersüßen Ton. Er hatte seine Strategie gewechselt. »Bitte, Mami!« Die Kassiererin fing an, die Sachen einzuscannen.

Die Mutter seufzte schwer. »Na, okay. Aber das ist eine Ausnahme.«

Im selben Augenblick spürte ich, wie sich das harte Drahtgestell eines Einkaufswagens in meine Hacken bohrte. Hinter mir stand eine ältere Dame mit weißgrauem Haar. Sie lächelte verschwörerisch in meine Richtung. Als die Kassiererin die Lakritztüte über das Lesegerät gezogen hatte, verzog sie spöttisch das Gesicht: »Kann sie nicht Nein sagen!«, raunte sie in meine Richtung.

»Ach, sie wollte nur schnell hier raus«, vermutete ich.

»Unsinn. Sie hat es sich einfach gemacht. Die Frauen haben heute keine Lust mehr, ihre Kinder zu erziehen«, beharrte sie. »Ist doch so. Die Kinder werden verwöhnt und halten in zwanzig Jahren immer noch die Hände auf. Nur dass sie dann auf Vater Staat bauen.«

»Waren Sie eine strenge Mutter?«, fragte ich sie.

»Ach nein, ich war nicht streng, aber ich habe meine beiden Jungs auch nicht verwöhnt. Mein Mann war sehr streng, der ließ nichts durchgehen«, erwiderte sie stolz.

»War das nicht schrecklich?«, wollte ich wissen.

»Tja, manchmal war das wirklich schlimm! Die Väter waren ja damals noch ganz anders.« Ich konnte sehen, dass sich ihr Gesichtsausdruck verändert hatte. Sie sah nicht mehr stolz aus. Sie sah plötzlich aus, als hätte sie es früher nicht leicht gehabt.

Ob ihre beiden Kinder sie inzwischen zur Großmutter gemacht hatten, fragte ich mich, während sie mit einem Kopfnicken an mir vorbeihastete. Die Frage kam mir aus einem bestimmten Grund in den Sinn: Die hohe Zahl kinderloser Paare in Deutschland wird neuerdings unter anderem mit dem autoritären Erziehungsstil der Vergangenheit erklärt, der über die Generationen hinweg weitergegeben wird, in Form von Einstellungen und Verhaltensweisen, wie wir Beziehungen führen und wie wir unser generatives Verhalten gestalten. Waren die Eltern kühl und kontrollierend, ist der eigene Kinderwunsch eher klein. Waren sie dagegen herzlich, vertrauensvoll und beispielsweise offen gegenüber den Freunden ihrer Kinder, ist der eigene Kinderwunsch deutlich größer. Die Vermutung liegt nahe, dass Menschen aus einem glücklichen Elternhaus eher geneigt sind, selbst eine Familie zu gründen. Dass dieser Zusammenhang tatsächlich messbar ist, haben jetzt die Leipziger Wissenschaftler Jörg Schumacher, Yve Stöbel-Richter und Elmar Brähler in einer repräsentativen Untersuchung festgestellt. Sie fanden heraus, dass speziell der erinnerte autoritäre Erziehungsstil unserer Eltern einen Einfluss auf unsere niedrige Geburtenrate hat. Besonders die befragten Männer hatten sich von der Kälte im eigenen Elternhaus abschrecken lassen.

Als ich aus dem Supermarkt kam, sah ich die alte Dame zufällig noch an der Bushaltestelle stehen. Es kostete mich reichlich Überwindung, aber ich ging noch einmal auf sie zu. Ich hätte eine Frage, sagte ich und erklärte, dass ich ein Buch über Mütter und Nicht-Mütter schriebe. Ich wollte wissen, ob sie Enkelkinder habe.

»Mein ältester Sohn hat keine Kinder. Der Jüngste hat eine Tochter. Aber es besteht kein Kontakt. Das Mädchen hat sich an ihrem achtzehnten Geburtstag ihr Sparbuch bei mir abgeholt. Das war's.«

»Aber das muss ja furchtbar enttäuschend für Sie sein?«

»Ach, ich habe mich damit abgefunden«, sagte sie. »Mein Sohn ist geschieden. Seine Exfrau hat das Mädchen gegen mich beeinflusst. Da kann man als Oma nichts machen. Ich hab alles versucht, ohne Erfolg.«

Die Hypothese der Familienforscher war in meinem Beispiel zufällig bestätigt worden: Streng erzogene Eltern haben weniger Nachwuchs, seit Kinder nicht mehr automatisch zum Leben dazugehören und seit wir verlässliche Verhütungsmittel haben.

Die Szene im Supermarkt zeigt außerdem, wie sehr sich die Erziehung in Deutschland gewandelt hat. Kinder klatschen mit den Händen gegen die Vitrine beim Italiener, sie tollen über hellhörige Flure und drehen in ein paar Jahren ihre Anlagen bis zum Anschlag. Manchen Umstehenden erscheint es als das reine Chaos. Vor allem ältere Menschen reagieren oft mit Unverständnis auf den Erziehungsstil heutiger Eltern, denn früher herrschte in deutschen Kinderzimmern ein ganz anderer Ton. Überall in Europa wurde vor dem Ersten Weltkrieg noch ein autoritärer Erziehungsstil gepflegt, doch jedes Land hat seither seine eigene Entwicklung durchlaufen.

Jeder hierzulande hat eine Vorstellung davon, was es bedeutet, »den Italiener« in sich zu wecken. Aber was macht »*den* Deutschen« aus? Wie würden wir ihn charakterisieren? Der Deutsche weckt einerseits Gedanken an hehre Ideale: Wecke den Dichter in dir! Den Denker! Den Philosophen! Und andererseits beklemmende Erinnerungen: Wecke den Nazi in dir! Den Mitleidlosen! Den Spießer! Den fleißigen Befehlsempfänger! Unseren Vorfahren ging es mit dem nationalen Charakter des Deutschen nicht viel anders. Der Deutsche teilte sich schon vor mehr als hundert Jahren in zwei scheinbar gegensätzliche Prototypen: den weltläufigen Deutschen, der stolz darauf war, wenn er im Ausland für einen Engländer oder Franzosen gehalten wurde, weil ihm jedes andere Land kultivierter, sinnlicher, künstlerischer und auch sonst besser vorkam als das eigene. Und dann gab es den deutschen Provinzler, der den deutschen Fleiß und die deutsche Sauberkeit zum Zentrum seines Stolzes machte und der alle anderen Nationen gering schätzte. Deutschland war aufgrund seiner zentralen Lage immer fremden Einflüssen ausgesetzt: vom intellektuellen Frankreich, vom mystischen Russland, vom katholischen Polen, von den sozialen Protestanten im Norden, den weltoffenen Holländern, dem Temperament des Balkans, dem südländischen Flair der Italiener. Der eine Deutsche öffnete sich begeistert allen Einströmungen, der andere schottete sich ab und verteufelte sie.

Der in Frankfurt am Main geborene Psychoanalytiker und Harvard-Professor Erik H. Erikson stellte in seinem 1950 erschienenen Klassiker »Kindheit und Gesellschaft« unter anderem die Frage, was die »Unzugänglichkeit und die Härte des deutschen Vaters von ähnlichen Zügen anderer Väter des westlichen Kulturkreises« unterschied. Er schrieb: »Die übrigen westlichen Nationen hatten ihre demokratischen Revolutionen. Wie Max Weber nachwies, hatten sie sich, während sie allmählich die Privilegien ihrer aristokratischen Klassen übernahmen, mit aristokratischen Idealen identifiziert. In jedem Franzosen entwickelte sich etwas vom französischen Chevalier, in jedem Engländer etwas vom angelsächsischen Gentleman ... Dieses ›Etwas‹ verschmolz mit den revolutionären Idealen seiner eigenen Herkunft und schuf in ihm ein Gefühl des ›freien Mannes‹ ...« Nach Erikson übernahm der deutsche Vater leider nur allzu oft die Gewohnheiten und die Ethik des Oberfeldwebels oder des kleinen Beamten, der »nie mehr sein würde, hingegen ständig in Gefahr stand, weniger zu werden«. Hinter der strengen deutschen Erziehung um die Jahrhundertwende stand die Angst vor dem Abstieg. Ihr fehlte die Würde des freiwilligen Gehorsams.

Was die beiden ungleichen deutschen Prototypen verband, waren dieselben kindlichen Ängste, die seit Generationen in Deutschland gepflegt wurden und die bis heute in unserem Alltag lebendig sind. Elterliche Erziehungsstile wirken sich nach dem »So-was-kommt-von-so-was«-Prinzip aus, aber das ganze Muster von Einstellungen, Handlungsweisen, von Mimik und Gestik über eine Vielzahl von Situationen hinweg, funktioniert sehr viel komplexer und flexibler, als dass man noch sagen könnte, wie Ursache und Wirkung zusammenhängen. Jedes Kind ist anders, und jedes Kind wird anders erzogen als seine Geschwister. Jeder Versuch, ein Millionenvolk über einen Kamm zu scheren, kann nur karikaturhaft sein. Es gibt immer Ähnlichkeiten mit den anderen Ländern der westlichen Welt. Die Unterschiede sind fein. Aber sie können verdeutlichen, welche Werte und welche Ängste mit der Erziehung bewusst und unbewusst an die nachfolgenden Generationen weitergegeben werden.

Unsere Großväter und Urgroßväter wurden streng nach der Uhr erzogen. Gefüttert wurde nicht, wenn die Babys schrien, sondern wenn es Zeit war, sie zu stillen. Unsere Vorfahren sollten sich früh an Disziplin gewöhnen. Die Babys wurden in ihrer Wiege in einem ruhigen Zimmer abgestellt und sollten dort bis zur nächsten Mahlzeit schlafen. Schreien war sinnlos. Unsere Großmütter reagierten höchst verärgert, wenn Verwandte, Nachbarn oder das Dienstmädchen den weinenden Nachwuchs im Arm hielten, wenn sie nach Hause kamen. Schließlich sollte das Schreien die Stimmbänder des Kindes kräftigen, und die Hungerphasen sollten auf Entbehrungen vorbereiten. Die Sauberkeitserziehung wurde genauso streng verfolgt. Je früher ein Kind aufs Töpfchen ging und je früher es das auch ankündigte, desto mehr wurde es gelobt, je später, desto stärker beschämt und bestraft.

»Kam der Vater nach Hause, standen sogar die Wände stramm«, beschrieb Erikson die deutsche Familie an der Wende zum 20. Jahrhundert. Der Vater duldete kein Geschrei und kein Herumtoben in der Wohnung, er erwartete strikten Gehorsam. Die Mütter und Väter von gestern waren keine geborenen Sadisten, sie taten, was die deutschen Pädagogen ihrer Zeit unter einer guten Erziehung verstanden. Die meisten Eltern lieben ihre Kinder. Das war auch damals so. Aber gerade den Vätern fiel es schwer, die Liebe zu ihren Kindern über ihre Strenge zu stellen. Sie waren streng aus Liebe, damit aus ihrem Nachwuchs etwas werden konnte. Liebe fällt nicht einfach so vom Himmel. Liebe wächst an guten Erfahrungen, Offenheit und gegenseitigem Vertrauen. Viele meinen heute, dass Menschen, die als Kinder nicht geliebt worden sind, später auch nicht lieben können. Das glaube ich nicht. Menschen sind Lernwesen. Wir sind alle in der Lage zu lieben, und wir sehnen uns alle danach, geliebt zu werden. Wer geliebt und behütet aufwachsen durfte, hat es aber leichter, gut und schlecht auseinander zu halten. Wem das nicht in die Wiege gelegt wurde, der muss länger darum kämpfen, den Zugang zu seinen eigenen Gefühlen zu finden. So ging es unseren Urgroßvätern auch. Sie kannten es nicht anders. Sie waren sicher, das Richtige zu tun, um ihre Kinder zum sozialen Aufstieg anzuspornen.

Als Ausgleich für die rigide Erziehung durchlebten unsere Vorfahren eine »kritische« Pubertät, in der es ihnen erlaubt war, kräftig über die Strenge zu schlagen. In

Deutschland hält man die leidenschaftliche Auflehnung gegen den Vater bis heute für ein hormonell bedingtes Naturgesetz und jedes Ausbleiben für eine mangelnde Abnabelung vom Elternhaus. In Wahrheit war die gescheiterte pubertäre Auflehnung mit ihren starken Gefühlen eine Reaktion auf die strenge deutsche Erziehung. Im Deutschland der Jahrhundertwende wurde in der Pubertät der gefürchtete Vater zum verhassten Feindbild. Sein Rezept, nach unten zu treten, nach oben zu buckeln und zwischendurch im Weltschmerz zu zerfließen, widerte die Heranwachsenden an. Sie strebten in ihren Gedanken zu Höherem und Schönerem: zur Kunst, zur Natur, zum Heldentum und zur Freiheit. In der humanistisch geprägten Schulbildung wurde die Weltflucht der deutschen Dichter hoch bewertet, was die pubertäre Auflehnung weiter anheizte. Doch die Teenager-Revolte war von vornherein zum Scheitern verurteilt. Die Kinder waren noch vom Vater abhängig, und solange sie die Füße unter seinen Tisch stellten, hatten sie zu gehorchen. Die Erfahrung der gescheiterten Auflehnung verstärkte in den Deutschen das Ohnmachtsgefühl gegenüber Obrigkeiten. Zivilcourage zu zeigen gehörte nicht zum Ehrenkodex, sondern wurde als Dummheit bewertet, wie jede Form der Eigeninitiative gegenüber Autoritäten.

Die deutsche Mutter war genauso streng erzogen wie ihr Mann. Sie war genauso auf Perfektion, Pflichterfüllung und Gehorsam getrimmt und zur humanistischen Weltflucht angeleitet worden wie er. Unterwürfig, liebevoll und opferbereit musste ein Mädchen sein, wenn es den sozialen Aufstieg schaffen wollte. So wie vorher ihrem Vater ordnete sich eine Frau nach der Heirat ihrem Mann unter. Es gab zwar die ersten Universitäten, die sich für Frauen öffneten, es gab die ersten Suffragetten im Land, Redakteurinnen, Fotografinnen, Pilotinnen, Dirigentinnen – aber eine Frau im »Männerberuf« vergewaltigte letztendlich ihre Natur. War sie kinderlos, galt sie als kaltes Mannsweib. Hatte sie Kinder, wurde ihr ein schlechtes Gewissen eingeredet, wenn sie sich nicht selbst um ihre Kinder kümmerte. Erst eine verantwortungsvolle Mutterschaft machte ein Frauenleben um 1900 rund. Einem Kind das Leben zu schenken, wurde als höchste individuelle Erfüllung und als höchstes aller Bande gepriesen. Mit derselben romantischen Leidenschaft, mit der die Weltflucht der Dichter gefeiert wurde, wurde auch die Mutterschaft verklärt.

In der Realität sah das Leben der Mütter weniger romantisch aus. Babys wuchsen nie nebenbei auf, auch nicht, wenn sie im Zeittakt versorgt wurden. Eine gute Mutter musste sich aufopfernd und dem Stand der neuesten Erkenntnisse entsprechend um ihre Kinder bemühen. Der »Erziehungsberuf ist der Kulturberuf der Frau«, so lautete das Motto der 1911 eröffneten Frauenhochschule in Leipzig, an der die gebildete Frau auf ihre Mutterrolle vorbereitet werden sollte. Die »Volksmutter« wurde mit deutscher Gründlichkeit in Mädchenschulen, Haushaltsfachschulen und Frauenverbänden in Vererbungslehre, Kinderpsychologie, Hygiene, Ernährungsberatung und Medizin unterrichtet.

Doch Aufopferung und Wissen allein reichten nicht, um eine gute Mutter zu sein. »Kinder kommen schneller als ein Tausend-Mark-Schein«, hieß ein viel zitierter Arbeiterspruch der Jahrhundertwende. So schnodderig sich das anhört, so bitter war dies in der Wirklichkeit. Die kinderreichen armen Arbeiter- und Tagelöhnerfamilien der Jahrhundertwende bekamen ihren Nachwuchs nicht satt. Wer zu viele Kinder hatte, handelte verantwortungslos. »Wenn eine Frau nicht die Mittel hat, Kinder zu ordentlichen Menschen zu erziehen, begeht sie nicht nur eine Dummheit, sondern beinahe ein Verbrechen, wenn sie doch welche bekommt«, zitiert Barbara Vinken in ihrem Buch »Die deutsche Mutter« aus einem 1905 erschienenen Werk.

Die Paare, die sich in Deutschland zwischen 1870 und 1880 das Jawort gaben, bekamen im Schnitt noch 4,7 Kinder. Davon erreichte statistisch gesehen aber nur knapp die Hälfte das 12. Lebensjahr. Die Kindersterblichkeit war hoch. Seuchen waren weit verbreitet und das Wissen um Hygiene gering. 62 Prozent der Eheleute bekamen drei und mehr Kinder, zehn Kinder waren keine Seltenheit. In den Ehen, die 1910 bis 1913 geschlossen wurden, hatten die Paare im Schnitt 2,8 Kinder. Nur noch 49 Prozent der Paare bekamen drei und mehr Kinder. Einige Jahre später, in den Ehen, die zwischen 1919 bis 1922 geschlossen wurden, betrug die durchschnittliche Kinderzahl 2,4. Nur noch 36 Prozent der Paare bekamen drei und mehr Kinder. Der Beginn des Ersten Weltkriegs läutete die Ära der Kleinfamilie ein. Vorreiter dieser Entwicklung waren die Beamten- und Angestelltenfamilien. Doch auch die Bauernfamilien und Arbeiter folgten bald dem Trend. Weniger Kinder bedeuteten eine spürbare Arbeitserleichterung für die Mütter, eine finanzielle Entlastung für die Familienkasse und bessere Startchancen für den besser umsorgten Nachwuchs.

Die Geburtenziffer in Deutschland, 1875–2000

1875	4,7	1900	4,6	1925	2,3
1880	4,7	1905	4,2	1930	2,0
1885	4,7	1910	4,2	1935	2,2
1890	4,7	1915	2,9	1940	2,5
1895	4,6	1920	3,4	1945	1,4

	Westdeutschland	*Ostdeutschland*
1950	2,1	2,4
1955	2,1	2,4
1960	2,4	2,3
1965	2,5	2,5
1970	2,0	2,2
1975	1,5	1,5
1980	1,4	2,0
1985	1,3	1,7
1990	1,5	1,5
1995	1,3	0,8
2000	1,4	1,2

Quelle: Statistisches Bundesamt

In den Anfangsjahren der Weimarer Republik drang ein neuer Wind in die Amtsstuben ein. Vernunft, Zusammenarbeit und der Geist der persönlichen Verantwortung sollten den blinden Gehorsam ersetzen, nachdem die strikte Unterordnung unter die alten Eliten sich als falsch erwiesen hatte. Frischen Wind gab es auch für die Frauen. Sie wurden nach dem Ersten Weltkrieg als Bürokräfte und Verkäuferinnen eingesetzt, denn Frauen waren um 10 bis 20 Prozent billiger als ihre männliche Konkurrenz. Die modernen Sekretärinnen und Verkäuferinnen saßen in kniekurzen Röcken und hochhackigen Schuhen in Cafés, tranken Sekt und rauchten Zigaretten. 1924 gab es 1,5 Millionen weibliche Bürokräfte, Beamtinnen und Verkäuferinnen, 4,5 Millionen Arbeiterinnen, 1,3 Millionen Hausangestellte und 1,3 Millionen weibliche Selbständige unter den 63 Millionen Menschen im Reichsgebiet. Nicht wenige Männer blieben nach dem Krieg arbeitslos. Die Frauen ernährten vielfach die Familie. Doch das konnte nur klappen, solange sie nicht dauernd schwanger waren. Die Frauen erkämpften sich in den zwanziger Jahren den freien Verkauf von Verhütungsmitteln und eine Liberalisierung des Abtreibungsparagrafen. Schon 1923 war die Geburtenziffer auf 2,3 gefallen. Aus den Ehen, die zwischen 1927 und 1929 geschlossen wurden, gingen weniger als 2,1 Kinder hervor.

Vicky Baum, die meistgelesene Schriftstellerin der Weimarer Republik, traf mit ihrem Roman »Tüchtige Frauen« den Nerv der Zeit. Berufstätige Frauen waren die neuen Heldinnen. »Gerade über sie und ihresgleichen sind Auskünfte kaum zu erlangen«, schrieb Siegfried Kracauer 1929 in seinem Sachbuch-Bestseller über »Die Angestellten«. »Hunderttausende von Angestellten bevölkern täglich die Straßen Berlins, und doch ist ihr Leben unbekannter als das der primitiven Völkerstämme, deren Sitten die Angestellten in Filmen bewundern.« Der renommierte Soziologe interviewte eine Privatangestellte, die tagsüber mit ihrem Chef tändelte. »Werden Sie Ihren Chef heiraten?«, fragt sie der junge Kracauer. »Wo denken Sie hin?«, erwidert sie ihm lässig. »Mich lockt der Reichtum nicht. Ich bleibe meinem Bräutigam treu.« – »Weiß Ihr Bräutigam ...«, hakt er nach, ohne den Satz zu vollenden. »Ich werde doch nicht so dumm sein. Was ich mit meinem Chef habe, geht niemanden etwas an.«

Solche Sätze trafen unsere männlichen Vorfahren ins Mark. Die moderne deutsche Frau stellte andere Ansprüche als ihre Mutter, und diese Ansprüche verunsicherten die geschlagenen Soldaten. So aufgeschlossen unsere männlichen Vorfahren sich am Arbeitsplatz zu geben versuchten, so wenig wollten sie in ihren heimischen vier Wänden den Fortschritt dulden. Die Mutter seiner Kinder hatte wie die Kinder zu gehorchen. Selbst wenn sie im Haus in seiner Abwesenheit bestimmen durfte, duldete er von ihr keine Widerworte. Die junge Frauenbewegung nahm sich dieses Problems an. Doch der frische Wind erreichte die meisten Wohnstuben und Kinderzimmer nicht mehr.

Die Emanzipationsversuche der deutschen Frau endeten mit dem Aufstieg der NSDAP. Schon im Parteiprogramm von 1920 war es das erklärte Ziel der Partei, kinderlose Frauen wie »Volksfremde« zu behandeln. Frauen hatten Kinder zu bekommen. Das Kinderkriegen sollte zum einzig anerkannten Beruf der neuen Heldinnen werden, von denen Adolf Hitler und seine Anhänger träumten. Dem Programm folgten Taten. 1933 wurden alle verheirateten Beamtinnen aus dem Staatsdienst entlassen. Schon ein Jahr später jubelte die Partei, dass der Staatsdienst bald »frauenfrei« sei. 1936 wurde ein Berufsverbot für Juristinnen verhängt. »Das Justizwesen wird weitestgehend von Frauen gesäubert«, hieß es im Jargon des Naziregimes. »Die berufstätige Frau von heute ist ein gequältes und gedrücktes Geschöpf. Stundenlang sitzt sie am Tag hinter der Schreibmaschine oder dem Stenoblock ... Der Nationalsozialismus will jedoch die Frau ihrem wahren Beruf wieder zuführen ... Gattin und Mutter«, zitiert Barbara Vinken die Marschrichtung des braunen Regimes.

Hitler teilte die Welt in die große Welt des Mannes und in die kleine Welt der Frau. Damit griff der Nationalsozialismus in der Kinderfrage das alte Gedankengut der Vorkriegszeit auf. Die Welt des Mannes war der Staat, die der Frau waren ihr Mann, ihre Kinder und ihr Haus. Doch auch über die kleine Welt der Frau regierte die Partei. Der Diktator und seine Helfer bestimmten, was unter Säuglingspflege, Krankenpflege und guter Haushaltsführung zu verstehen war. Sie bestimmten, was unwertes Leben war, welches Kind eine Mutter nicht zu schützen, sondern gemäß dem Rasse- und Gesundheitswahn den Behörden auszuliefern hatte. Die Frauen während der NS-Zeit konnten keine Verhütungsmittel kaufen wie noch in der Weimarer Zeit. Sie wurden mit Lobeshymnen und Mutterkreuzen überschüttet – sofern sie der richtigen Rasse angehörten, der richtigen Partei zujubelten und viele Kinder bekamen. Die braune Propagandamaschinerie, ihre menschenverachtenden Parolen, ihr Säuberungsjargon und die allgegenwärtige Todesmaschinerie, die all diejenigen traf, die das Regime fanatisch als Volksfeinde brandmarkte, blieben auch in der Kinderfrage nicht ohne Wirkung. Nachdem die Zahl der Geburten zwischen 1926 und 1933 etwas zurückgegangen war, stieg sie seit 1934 wieder leicht an und erreichte in den Kriegsjahren 1939 und 1940 einen Spitzenwert von 2,5. Während des Krieges kämpften die Frauen mit ihren Kindern ums Überleben, und manche nahmen die von den Männern verlassenen Arbeitsplätze ein. Seit 1941 sank die Zahl der Geburten und erreichte 1945 einen für damalige Zeiten historischen Tiefstand von 1,4.

Bei Ende des Krieges mussten überall in Europa Menschen hungern. Und überall fing langsam der Wiederaufbau an. Während die Mittelschicht in Frankreich und Schweden in den nächsten Jahrzehnten in das persönlichkeitszentrierte neue Jahrhundert aufbrach, das zur Gleichstellung der Frau auch einen Ausbau der staatlichen Kinderbetreuung vorsah, blieben solche neuen Vorbilder in Westdeutschland rar. »Glück ist, zu leben wie alle Welt und doch einzigartig zu sein«, hat Simone de Beauvoir einmal gesagt. Den Deutschen lag das Besondere jedoch nicht. Persönlichkeit – ein schweres Wort nach einer Diktatur. Zu tief saß der Schock über das, was geschehen war. Zu tief war die Angst verwurzelt, irgendwie aufzufallen.

In beiden deutschen Staaten wurde 1949 mit nahezu identischen Worten die Gleichberechtigung der Geschlechter eingeführt. Trotzdem entwickelten sich nach dem Krieg in Sachen Mutterschaft zwei Modelle, die auf den ersten Blick nicht unterschiedlicher sein konnten: Die Frau im Westen wurde zur Hausfrau und Mutter. Die Frau in der DDR sollte auch Mutter sein, aber gleichzeitig als Arbeiterin am Aufbau des Landes mitwirken.

Die westdeutschen Frauen konnten nicht an die Emanzipationswelle der Weimarer Zeit anknüpfen. Sie konnten nur auf das kleine Glück im eigenen Reich hoffen, sich eine Dauerwelle machen lassen und sich einen erfolgreichen Unternehmer mit dicker Zigarre im Mund angeln, um am Wirtschaftswunder teilzuhaben. Der westdeutsche Vater der Nachkriegsära glich immer noch dem strengen Haushaltsvorstand um die Jahrhundertwende. Nicht selten standen in deutschen Familien noch die »Wände stramm«, wenn der Vater nach Hause kam, und immer noch war der »kleine Beamte und Oberfeldwebel« für viele Männer das Vorbild. Die Angst vor dem sozialen Abstieg war im Unbewussten größer als das Gefühl, ein freier Mann in einer jungen

Demokratie zu sein, in der alle Menschen die gleichen Rechte hatten. Auch die Frauen.

Papst Pius XII. bezeichnete 1958 die Frau als »Königin des Hauses«. Ähnlich sah es auch der Bundestag 1966. »Pflegerin und Trösterin sollte die Frau sein, Sinnbild bescheidener Harmonie, Ordnungsfaktor in der einzig verlässlichen Welt des Privaten«, so fasst Kristine von Soden in der »Chronik der Frauen« den umfangreichen Bericht der Bundesregierung über die Situation der Frau zusammen. Das Papier dürfte nur ein schwacher Trost für die Frau gewesen sein, die es in den fünfziger Jahren nicht schaffte, zu Hause eine Königin zu sein. Die Männer der Nachkriegszeit waren meist immer noch autoritär, und manche Frau war es auch nicht gewohnt, selbst zu entscheiden. Der Hausfrau wurde das Haushaltsgeld von ihrem Mann zugeteilt. Nach Lage der Gesetze musste sie ihn um Erlaubnis fragen, wenn sie arbeiten wollte. Ihr Wirken bestand in Windelwaschen, Kochen und Putzen und hatte wenig mit dem Wirken einer Königin gemeinsam. Erst am 21. Juni 1957 wurde der Paragraph 1354 im Ehegesetz gestrichen, in dem es hieß: »Dem Mann steht die Entscheidung in allen das gemeinschaftliche eheliche Leben betreffenden Angelegenheiten zu.« Erst von da an erhielten Ehefrauen in Deutschland das Recht, zum Beispiel ihr in die Ehe eingebrachtes Vermögen selbst zu verwalten. Bis 1977 hieß es im Ehegesetz trotzdem noch: »Die Frau führt den Haushalt in eigener Verantwortung. Sie ist berechtigt, erwerbstätig zu sein, soweit dies mit ihren Pflichten in Ehe und Familie vereinbar ist.« Ein Satz, der für Männer selbstverständlich nicht galt.

Europress veröffentlichte 1955 eine Studie, wonach im internationalen Vergleich die Französinnen mit 37,5 Prozent die höchste Erwerbsquote unter den Frauen in Europa hatten. In der Bundesrepublik lag sie bei nur 31 Prozent. Dass Frauen arbeiteten, war möglich, aber es gehörte nicht selbstverständlich zur Lebensplanung dazu. Während in Frankreich die staatliche *école maternelle* allmählich für alle Kinder obligatorisch wurde, gab es in Westdeutschland keine Forderungen nach staatlich subventionierten Kindergärten. Die meisten berufstätigen Frauen mussten ihre Betreuungsprobleme schon damals in Eigeninitiative lösen.

Das alte Mutterbild der NS-Zeit konnte in den fünfziger Jahren fortleben: Die Frau gehörte ins Haus, das entsprach ihrer wahren Natur. Das war ihr wahrer Beruf. Diese Werte waren den Eltern in ihrer Jugend im Bund deutscher Mädels und anderen Jugendorganisationen vermittelt worden. Die Jungen hatten gelernt, »hart wie Kruppstahl« zu sein, und den Mädchen war eingebläut worden, dass Pflichterfüllung, Selbstzucht und Mutterschaft ihre Bestimmung waren. Eine Frau, die in der Nachkriegszeit etwas auf sich hielt, hatte Kinder und arbeitete nicht. Eine Hausfrau arbeitete nur, wenn das Geld nicht reichte. Kinderkrippen waren das traurige Schicksal armer Kinder. Der Beruf des Vaters bestimmte die soziale Stellung des Nachwuchses, die

Berufstätigkeit der Mutter war dagegen das offizielle Armutszeugnis. Im Westen erschuf Udo Speck 1956 mit einer soziologischen Untersuchung das Bild des vernachlässigten »Schlüsselkindes«, das sich in ganz Deutschland über die Medien etablierte und ganz im Sinne des noch amtierenden Familienministers Franz Wuermeling war, der eingangs zitiert wurde. Speck schrieb, »daß bei diesen sogenannten Müttern das liebe Ich immer wichtiger ist als die Interessen von Mann und Kind, einerlei, ob es sich um Vergnügungssucht, um ungesunde Intellektualität, um Geldgier, Koketterie oder sonstige Schwächen handelt.« Auch wissenschaftliche Studien sind nicht unbeeinflusst vom Zeitgeist. Das trifft vor allem auf Untersuchungen zu Familie und Mutterschaft zu, ein Thema, bei dem niemand ein wirklich neutraler Beobachter sein kann. Jeder Wissenschaftler ist immer auch ein Betroffener und trägt seine eigene Familiengeschichte, seine Kindheitserfahrungen und sein gegenwärtiges familiäres Umfeld mit sich herum.

Die Frau im Osten wurde aus ökonomischen und ideologischen Gründen zur selbständigen Kameradin, die nicht im Traum daran dachte, sich wie ihre Schwester im Westen einen Mann zu angeln, um versorgt zu sein. Fleißig, tüchtig, kameradschaftlich, so sollte sie sein, die von Marx inspirierte neue Frau im Blaumann oder Kittel, die nicht auf spitzen Pumps, sondern in Gummistiefeln daherkam. »Mit sicherer und fester Hand hebt und bewegt sie schwere Lasten, sie läßt die Augen niemals rasten in stillem Stolz auf ihren Stand«, heißt es

1955 in Johanna Krägers Gedicht über die Kranführerin. Kinderlos sollte auch die Frau im Osten nicht sein. Jede Diktatur möchte wachsen. Damit sie Job und Familie unter einen Hut bringen konnte, wurden nach den Vorstellungen der SED flächendeckend Krippen und Ganztagsschulen eingerichtet. Das Familiengesetzbuch von 1966 trug den Ehegatten auf, ihre Beziehung zueinander so zu gestalten, »daß die Frau ihre berufliche und gesellschaftliche Tätigkeit mit der Mutterschaft vereinbaren kann«. Jungen Ehepaaren wurden Kredite gewährt, und die Geburt eines Kindes wurde mit einer Teiltilgung belohnt. Das ostdeutsche Frauenbild wirkt heute in mancher Hinsicht moderner als das westdeutsche Frauenbild von damals. Doch auch die DDR war ein Patriarchat. Frauen fehlten in den Führungspositionen der SED, in Wissenschaft und Industrie. Frauen, die wegen ungewollter Kinderlosigkeit in Behandlung waren, konnte es passieren, dass ein operativer Eingriff für geglückt erklärt wurde, obwohl sie nach der Wende erfuhren, dass die Behandlung nichts gebracht hatte; und Frauen wurden gedemütigt, wenn sie ein Kind adoptieren wollten, ohne in der Partei zu sein.

Nach Kriegsende stiegen die Geburtenraten in beiden Teilen Deutschlands wieder an. 1950 bekam eine Frau in der Bundesrepublik durchschnittlich 2,1 Kinder, im Osten 2,4. Auf dem Höhepunkt des Babybooms, im Jahr 1964, lag die Geburtenziffer im Westen sogar bei 2,5 Kindern. Im selben Jahr erlebte auch die DDR mit 2,5 ihr Babyhoch.

1962 wurde in Westdeutschland die Pille eingeführt. Damit war die sexuelle Selbstbestimmung möglich. Der Unmut in der Ehe war mittlerweile groß. Laut einer Statistik der UNESCO von 1962 waren fast zwei Drittel aller Frauen in Westdeutschland in ihrer Ehe unzufrieden. Sie fühlten sich unverstanden, waren enttäuscht und unglücklich. Genau genommen war schon damals das Ergebnis der deutschen Familienpolitik sichtbar. Die vom Staat geförderte Rollenverteilung nach dem Zweiten Weltkrieg führte dazu, dass der Mann das Geld in der Hand hatte und die Hausfrau von ihm abhängig war. Er hatte die »Hosen an«, er durfte bestimmen. In der Bundesrepublik, besagte die Untersuchung der UNESCO, war die Diskrepanz zwischen der gefühlsmäßigen Stellung der Frau und den Anforderungen, die das moderne Leben an sie stellte, besonders groß. Dabei geriet vor allem der deutsche Vater ins Visier: »Obwohl die deutschen Frauen in der Fabrik, im Büro und am Steuerrad akzeptiert werden, kann es sein, daß eine von der Arbeit heimkehrende Ehefrau zwanzig Jahre sozialen Fortschritts vergessen muß, wenn sie das Haus betritt.« Sogar die »Bildzeitung« griff das Thema 1962 auf und sprach vielen Hausfrauen aus der Seele: »81 Prozent der Ehefrauen haben die Hausarbeit satt.«

Die Abrechnung mit dem autoritären Vater übernahmen die 68er. Der Furcht einflößende Vater mit seinen Donnerworten sollte für immer den Mund halten. Seine Nachfolger wollten diskutieren, sich zärtlich um die Kinder kümmern und dabei ihre eigene Gefühlswelt entdecken. Die Kinder sollten nicht mehr nach Zeitplan versorgt werden, sondern nach ihren eigenen Bedürfnissen. Das Bild von lachenden Kindern aller Haut- und Haarfarben, die nicht blind gehorchten, die Individualisten waren und ganz genau wussten, was gut für sie war, sollte die in Reih und Glied marschierenden weizenblonden Nazikinder für immer aus den Köpfen vertreiben. Nach dem Regierungswechsel von 1969 wollte die SPD »mehr Demokratie wagen« und endlich auch etwas an den ungleichen Lebensbedingungen für Frauen und Männer ändern. Die Bildungsreform, die vor allem den Frauen zugute kam, sollte die qualifizierten Arbeitskräfte schaffen, die der Markt brauchte.

Verena Stefans autobiografischen Erinnerungen »Häutungen« wurden 1975 zum Kassenknüller. Das Buch, das zur neuen Identifikationsliteratur gehörte, beschreibt die Loslösung vom Mann als Voraussetzung für die Selbstfindung der Frau. Unter deutschen Dächern wurde plötzlich heftig diskutiert. Die Kinder sagten ihre Meinung. Über den Fernseher drang der Geist der Erneuerung in alle Häuser ein. Die Durchschnittsväter der alten Sorte mokierten sich über die junge Alice Schwarzer. Sie amüsierten sich über Frauen, die gegen Sexismus und Chauvinismus auf die Straße gingen und rissen ihre Witze über die langhaarigen Väter, die ihren Babys die Windeln wechselten und sich keinen Zacken aus der Krone brachen, wenn sie im Haushalt mithalfen. Doch die neuen Ideen trafen auf immer mehr Resonanz in der Bevölkerung. Schließlich hatten alle unter den autoritären Vätern gelitten. Im Westen wurde der bierbäuchige Pantoffelheld in Rippenstrickunterhose mit jedem Tag mehr entmachtet, im Osten erging es seinem Bruder mit Bierbauch und Rundstrickhose nicht anders. Die große Zeit der Patriarchen war vorbei. Eine neue Ära brach an. Die Meinungen wurden toleranter, die Väter liberaler. Eigentlich änderte sich viel, aber dass ein Kind unter der Berufstätigkeit seiner Mutter leiden müsse, war wie in Beton gegossen immer noch in fast allen Köpfen verankert. Und so sank die Geburtenrate weiter.

Auf den Babyboom der sechziger Jahre folgte mit der Pille der zweite erdrutschartige Geburtenrückgang des 20. Jahrhunderts. 1971 war die durchschnittliche Kinderzahl in Westdeutschland auf unter 2,0 gesunken, ein Niveau, auf dem im folgenden Jahr auch Ostdeutschland landete, wo die Pille einige Jahre später als im Westen eingeführt worden war. Seitdem tauchte in Deutschland Ost und West die zwei vor dem Komma der Geburtenziffern nie wieder auf. Zwischen 1970 (mit einer Geburtenziffer von 2,0) und 1986 (mit einer Geburtenziffer von 1,4) hatte die BRD die niedrigste Geburtenrate der Welt.

Der autoritäre deutsche Vater war nicht auf der Stelle tot. Er hat sich langsam, aber stetig gewandelt. Heute preisen die Pädagogen die »autoritativen« Eltern, die Grenzen setzen, aber gleichzeitig vermitteln können, warum die Regeln wichtig sind. Der moderne Vater handelt mit der modernen Mutter den Alltag aus. Er spielt mit seinen Kindern in der Sandkiste, nimmt den weinenden Nachwuchs tröstend in den Arm und wechselt manchmal sogar Windeln. Vieles hat sich verändert. Vieles ist besser geworden. Doch im Zweifelsfall verfallen wir auch heute noch in die alten Muster. Es ist immer noch die Frau, die das Kind versorgen soll, an der die Hausarbeit hängen bleibt und die im Beruf kürzer treten muss, wenn Nachwuchs kommt.

In unseren Köpfen lauern überall die Reste des alten Familienmodells. Das Ideal der Nurhausfrau und Mutter tritt nur langsam den Rückzug an, und es wird vielleicht mehrere Generationen dauern, bis wir uns ganz von ihm befreit haben. Noch ist es im Unbewussten unserer Gesellschaft aktiv, es lässt berufstätige Mütter ein schlechtes Gewissen haben und macht sie anfällig für die Kritik der älteren Generation. Manche Frauen ab 50 aufwärts sind voller Bitterkeit und Wehmut, sie reagieren mit Entrüstung, wenn Kinder laut und ausgelassen sind, weil sie es in ihrer Erinnerung so viel schwerer gehabt haben. In ihren Augen sind Kinderkrippen der Inbegriff von mütterlichem Verrat und Verwahrlosung. Vorwürfe kommen allerdings nicht nur von alten Menschen. Gleichaltrige Mütter, die ihren Job zugunsten der Familie aufgegeben haben, mokieren sich mitunter gern über die »verantwortungslosen« Mütter und ihre »armen« Kinder, sei es aus Neid oder weil sie sich tatsächlich nicht vorstellen können, dass Kinder berufstätiger Mütter genauso glücklich und vielleicht sogar ein bisschen selbständiger sind als ihre eigenen. Und auch bei den kinderlosen Frauen können berufstätige

Mütter nicht unbedingt auf Verständnis hoffen. Die Karrierefrauen im Job können sogar feindseliger sein als die männlichen Kollegen. Hat doch manche von ihnen bewusst auf Kinder verzichtet, weil sie glaubte, sich zwischen Beruf und Familie entscheiden zu müssen. Auch hinter dieser Haltung versteckt sich letztlich das alte deutsche Mutterbild, das nur ein Entweder-Oder kennt.

Die Bildungsreformen haben eine Generation von jungen Frauen heranwachsen lassen, denen ihr Beruf sehr wichtig ist. Ende der achtziger Jahre waren die Mädchen besser ausgebildet denn je. Sie absolvierten im Westen ihre Lehre oder das Studium mit besseren Noten als ihre männlichen Kollegen und Kommilitonen. Ihnen macht der Job Spaß, und sie wollen sich beruflich weiterentwickeln. 1984 sank die Geburtenziffer im Westen das erste Mal auf unter 1,3, während sie im Osten noch bis 1988 auf »französischem Niveau« um 1,7 rangierte. 1991 rutschte die Geburtenziffer im Osten durch den Umstellungsdruck und die damit verbundenen Unsicherheiten sogar unter den Wert 1, heute liegt sie wieder bei 1,2. Die Zahl der kinderlosen Frauen erhöhte sich in den Jahrgängen von 1940 bis 1966 von 9 auf 29,1 Prozent. Andere Schätzungen nennen höhere Zahlen, die bis 33 Prozent gehen. Unter den Akademikerinnen sollen es je nach Studie 40 bis 44 Prozent sein. In Deutschland wie überall sonst auf der Welt gilt: Je gebildeter eine Frau, desto weniger Kinder bringt sie zur Welt. Doch vor allem in Westdeutschland heißt das immer öfter, dass sie gar keine Kinder mehr bekommt. Wir sind das Volk mit den meisten statistisch erfassten kinderlosen 40-Jährigen der Welt. Unter 190 aufgelisteten Staaten rangiert die Bundesrepublik mit ihrer Geburtenrate auf Platz 185, schrieb der »Spiegel« 2004.

Viele der gut ausgebildeten Frauen wollen eigentlich Kinder. Warum sie dennoch seit Jahrzehnten immer seltener Mütter werden, ist eine Frage, die viele beschäftigt und auf die es keine einfache Antwort gibt. Die schwierige Betreuungssituation, der moralische Druck, ganz in der Kindererziehung aufgehen zu müssen oder es lieber gleich zu lassen, rangieren dabei ganz vorn. Das Baby in einem Arm und der Laptop im anderen, ist und bleibt nun einmal unsere heimliche gesellschaftliche Horrorvision von Stress und Überlastung. Bei der gegenwärtigen Lage auf dem Arbeitsmarkt fürchten viele Frauen zu Recht, dass sie eine Babypause den Job kosten könnte. Immer mehr Menschen haben mit Mitte 30 noch keine Festanstellung, sondern hangeln sich mit Zeitverträgen durch. Und selbst unbefristete Arbeitsverhältnisse sind lange nicht mehr so sicher wie noch in den siebziger oder achtziger Jahren. Wer beides will, betritt in Westdeutschland Neuland und geht in Ost wie West ein Wagnis ein. Es gibt wenige Vorbilder, über Generationen erprobte Modelle, nach denen man sich bei diesem Experiment richten könnte. Es scheint die Aufgabe der heutigen Elterngeneration zu sein, diese Modelle selbst zu entwickeln.

Jede Lebenssituation ist etwas anders, und so muss

jede Frau oder jedes Paar eine eigene Lösung finden. Die moderne Welt hat uns nicht nur viele Freiheiten, sondern auch die Last der Entscheidung gebracht. Früher brauchte man sich nicht lange zu fragen, wie man leben wollte. Man heiratete Anfang 20 und bekam Kinder. Diese Gewissheit machte das Leben einfacher, dennoch würde sich wohl kaum einer die alten Zeiten zurückwünschen. Heute können wir uns nicht nur frei entscheiden, *ob* wir Kinder haben wollen, sondern auch *wann*. Dabei kann die Wahl des richtigen Zeitpunktes einen wesentlichen Einfluss darauf haben, ob es gelingt, Berufstätigkeit und Muttersein zu verbinden.

Das erste Baby – mit 20, 30 oder 40?

> Mein Sohn hat meine Welt gerade gerückt,
> von der ich gar nicht wusste,
> dass sie schief war.
>
> *Julia, 28, ein Sohn*

Die Entscheidung für ein Kind hängt nicht nur von gesellschaftlichen Rahmenbedingungen ab, sondern in weit größerem Maße von den persönlichen Umständen. Welche Frau bekommt ihre Kinder schon für den Staat? Und welche würde schon sagen, dass ihr Kinderwunsch an der Gesellschaft gescheitert ist? Dennoch beeinflusst unser gesellschaftliches Klima die persönliche Entscheidung jeder einzelnen Frau. In einigen der reichen Länder wie Deutschland, Österreich, Spanien, Italien und Japan sind die Rahmenbedingungen eher schlecht, was sich in niedrigen Geburtenziffern von 1,3 und weniger niederschlägt. Diese Länder haben allerdings auch viele Gemeinsamkeiten mit jenen Industrienationen, in denen die Geburtenziffer höher liegt. Eine solche Gemeinsamkeit besteht in einer auffälligen Tendenz, welche die Mütter in zwei Gruppen teilt: Die einen sind schlechter ausgebildet und sagen früh Ja zum Kind, die anderen sind gut ausgebildet und schieben die Geburt des ersten Kindes immer weiter hinaus.

Torsten, 24, und Claudia, 21, aus Hamburg:
»Als Werbetexter weiß ich genau, wann ich zu tief in die Emotionskiste greife. Doch was Familienglück ist, lässt sich kaum ohne Übertreibungen beschreiben. Es sind für mich die raren Momente, in denen ich vor Zufriedenheit aus allen Nähten platzen könnte und in denen ich spüre, dass sich die ganze Mühe lohnt. Ich wusste das vorher nicht. Aber ich wollte nie allein auf meiner Bude hocken und Pizza aus dem Karton essen. Ich wollte immer heiraten, am liebsten in der Kirche, und Kinder haben. Als ich Claudia an einem Sonntagmorgen nach einer durchfeierten Nacht beim Bäcker begegnete, wusste ich sofort: Das ist die Frau, die ich will! Sie sah so müde und verletzlich aus, aber gleichzeitig auch unabhängig und unnahbar. Diese Mischung aus Sanftheit und Selbstsicherheit hat mir sofort imponiert. Wir haben früh über Kinder gesprochen. Claudia wollte fünf, geeinigt haben wir uns auf vier. Aber zunächst einmal brauchten wir Zeit für uns.

Als Claudia schon ein paar Monate später schwanger wurde, waren wir ganz schön geschockt. Geplant war es nicht. Zum Glück hatte sie gerade ihre Lehre als Laborantin abgeschlossen. Das machte uns die Entscheidung leichter. Irgendwie würden wir das schon gemeinsam packen. Da waren wir sicher, und nach den ersten Schrecksekunden waren wir ganz euphorisch. Doch dann hat Claudia das Kind in der zehnten Woche verloren. Es passierte bei einer Auslieferung weit draußen auf dem Land. Sie war mit dem Auto noch in die Klinik gerast, aber es war zu spät.

Das hat uns beide tief getroffen. Wir hätten nie damit gerechnet, dass uns so etwas passiert. Alle wussten Bescheid, und nun mussten wir ihnen sagen, dass es dieses Kind nie geben würde. Das war hart, vor allem für Claudia. Wir brauchten lange, um damit fertig zu werden. Aber dass wir jetzt ein Kind wollten, war klar. Ein Jahr hat es gedauert, und diesmal waren wir eher bedrückt, als Claudia mit dem Mutterpass nach Hause kam. Nur nicht zu früh freuen, dachten wir. Niemand war eingeweiht. Wir waren übervorsichtig. Doch zum Glück lief alles ohne Probleme. Ich glaube im Nachhinein, dass uns das Erlebnis reifer gemacht hat, vorsichtiger und dankbarer. Du kannst dich gesund ernähren, dich gründlich vorbereiten, aber du hast es nicht selbst in der Hand. Da gibt es etwas, was stärker ist als du.

Carlson wird jetzt acht Monate alt. Claudia will erst einmal zu Hause bleiben. Ihr Job war ihr in letzter Zeit auf die Nerven gegangen. Sie möchte später was anderes machen, vielleicht Fotografin werden. Mit dem Kindergeld und dem Erziehungsgeld ist es nicht so schlimm, dass wir ein Gehalt weniger haben. Ob wir bald ein zweites Kind bekommen wollen, wissen wir nicht. Im Moment haben wir noch genug damit zu tun, in die Elternrolle hineinzuwachsen. Wir sind froh, dass wir uns so früh für ein Kind entschieden haben und junge Eltern sind, auch wenn unsere Wohnung fast zu klein ist, wie sich herausgestellt hat, seit sich die Babysachen bei uns türmen. Aber wir haben stärkere Nerven als die meisten älteren Eltern, die wir kennen. Ob unsere Beziehung ein Leben lang hält, weiß ich nicht. Aber wer kann da heute schon sicher sein.«

Genau wie Torsten hat auch Claudia die Verantwortung für ein Kind nie geschreckt. Sie hatte weit mehr Angst davor, den Kinderwunsch später nicht mehr realisieren zu können. Claudia erzählte:

»Ich wollte früh Kinder, weil mir große Familien gefallen. Meine beste Freundin Janette hatte vier ältere Geschwister. Da war immer was los. So wollte ich auch leben. Janette möchte keine Kinder. Sie will lieber reisen und die Welt entdecken. Das finden wir beide schon irgendwie verrückt. Sie glaubt, dass es mich auch abgetörnt hätte, wenn ich jeden Tag mit drei Geschwistern ums Bad, ums Spielzeug und um jede ruhige Minute hätte kämpfen müssen. Vielleicht hat sie Recht. Aber wenn ich nach Hause kam, fand ich unsere Wohnung immer so leer und viel zu ordentlich. Von meinem Beruf hatte ich mir mehr versprochen. Manchmal kam es mir vor wie im Gefängnis. Es ist mir leicht gefallen, den Job aufzugeben, so wollte ich nicht leben.«

Christina, 22, Krankenschwester aus einem brandenburgischen Dorf nahe Berlin:

»Wir wollten unsere bestandene Abschlussprüfung feiern, eine Freundin von mir, unsere Freunde und der Rest der Clique. Irgendeiner hatte die Idee, dass wir noch woanders hinfahren könnten, wo mehr los war. Dass Rainer und ich in dem einen Auto saßen und unsere Freunde in dem anderen, hatte sich durch Zufall ergeben, weil meine Handschuhe verschwunden waren. Der Platz, den mir meine Freundin freigehalten hatte, war schon besetzt. Ich bin schnell ins andere Auto gestiegen. Auf der Landstraße kam uns ein Lkw entgegen, als plötzlich ein Auto hinter ihm herausschnellte und mit einer irren Geschwindigkeit auf uns zuraste. Uns ist nichts passiert. Aber von den anderen hat nur der Freund meiner Freundin schwer verletzt überlebt. Die anderen waren alle tot. Auch der Unglücksfahrer.

Der Unfall hat Rainer und mich verändert und uns einander näher gebracht. Wir haben schließlich geheiratet. Als ich schwanger wurde, waren wir beide sehr glücklich. Ich wollte nicht so allein in einem schmalen Grab begraben liegen und nichts zurücklassen in dieser Welt. Das geht mir heute noch so. Ich bin froh, dass ich meine Tochter habe. Sie macht mein Leben erst perfekt. Und sie macht mich stärker. Mit Rainer läuft es im Moment nicht so gut. Durch die ganze Dramatik haben wir zu spät gemerkt, dass wir in manchen Bereichen nicht so gut zusammenpassen. Wir müssen uns jetzt zusammenraufen. Wir wollen es beide. So eine Beziehung ist zu wertvoll, um sie einfach wegzuwerfen, zumal wenn man ein Kind hat. Und uns beide verbindet so vieles.«

Barbara, 23, Erzieherin aus Hamburg:
»Ich wollte immer früh heiraten und Kinder haben. Dass es so schnell geklappt hat, war schon fast unheimlich. Es ist schön, eine eigene Familie zu haben. Für mich bedeutet das keinen Stress. Nach den Jahren im Kindergarten ist es für mich die reine Erholung, Zeit mit meinem eigenen Kind zu verbringen. In der Kindergruppe herrschte ein ganz anderer Lärmpegel. Daniel verdient als Gärtner nicht so viel, aber unsere Eltern unterstützen uns. Der Zusammenhalt über die Generationen ist enger geworden, seit Charlotte geboren wurde. In meiner letzten Kindergruppe waren viele Mütter älter als ich. Von zweien wusste ich, dass sie sich haben behandeln lassen. Ich denke, wenn Daniel oder ich nicht fruchtbar gewesen wären, hätte ich versucht, mich damit abzufinden. Ein Kind zu haben, ist mir zwar sehr wichtig, aber ich glaube, wenn es nicht klappt, dann soll es auch so sein.«

Mit Anfang 20 wollen fast alle Frauen Kinder. 98 Prozent der Frauen in dem Alter sagten in Umfragen, dass sie irgendwann Mutter werden wollen. Über vierzig Jahre lang stand dabei die Zwei-Kind-Familie ganz oben auf der weiblichen Wunschliste. Seit Mitte der neunziger Jahre jedoch antworten junge Mädchen auf die Frage »Wie viele Kinder möchtest du später einmal haben?« häufiger als früher mit »kein Kind« (zwischen 15 und 25 Prozent) oder mit »weiß nicht« (40 Prozent), so ermittelte der Jugendsurvey. Einen Kinderwunsch zu haben, heißt nicht, dass jede Frau ihn auch sofort umsetzen möchte. Schließlich hängt viel von dem richtigen Timing ab. Und für viele Frauen rückt der richtige Zeitpunkt, wie wir gesehen haben, Jahr für Jahr um ein paar Monate nach hinten – so dass immer mehr Frauen bei der Umsetzung des Kinderwunsches an ihre biologischen Grenzen stoßen. Auch wenn sich das allmählich herumspricht, ist bisher keine Abkehr vom Trend zur immer späteren Geburt zu beobachten. Was macht das Kinderkriegen mit 20 eigentlich so unattraktiv? Was macht es zehn Jahre später leichter?

Nach den Zwängen im Elternhaus, in der Schule und während der Ausbildung wollen die meisten Frauen ihre Freiheit genießen und jede Menge neuer Erfahrungen sammeln – in der Liebe, im Job, in der ganzen Welt. Jetzt ein Kind? Was wird dann aus meinen Träumen? Jüngere Frauen treffen meist auf Männer, die erst am Anfang ihrer beruflichen Laufbahn stehen und von Kindern noch nichts wissen wollen. Von einem sicheren finanziellen Hintergrund kann mit Anfang 20 so gut wie nie die Rede sein. Die meisten jungen Menschen haben noch keinen Job und keine eigene Wohnung. Wer früh ein Kind bekommt, erntet daher nicht selten Kopfschütteln und muss sich gegenüber Freunden und Verwandten rechtfertigen. Erst die Ausbildung, dann ein Kind, lautet die übliche Reihenfolge für die Mädchen. Der Beruf des jungen Vaters spielt in diesem Alter keine ganz so entscheidende Rolle. Nach einhelliger Meinung kann er seine Ausbildung trotz Kind fortsetzen. Und wenn er die Familie nicht ernähren kann, bauen die jungen Familien auf die Hilfe der Großeltern und auf das Erziehungsgeld vom Staat, das maximal zwei Jahre lang gezahlt wird und bis zu 7400 Euro jährlich pro Kind betragen kann.

Ähnlich wie bei Claudia spielt offenbar bei vielen Frauen beruflicher Frust eine Rolle, wenn sie sich früh für ein Kind entscheiden. Die Ausbildung in der Parfümerie, beim Friseur, im Labor entpuppt sich als Enttäuschung. Die jungen Mütter sind im Durchschnitt nicht so gut ausgebildet wie die älteren. »Frauen mit Hauptschulabschluss heiraten früher und haben in jüngerem Alter mehr Kinder. Frauen mit einer langen Ausbildung, zum Beispiel Studentinnen, schieben die Geburt des ersten Kindes länger auf und bekommen zu einem höheren Anteil keine Kinder«, ermittelte die Freiburger Soziologin Cornelia Helfferich. Die berufliche Unzufriedenheit ist wohl auch der Grund dafür, dass viele der jungen Mütter ihre Kinder lieber selbst zu Hause betreuen möchten. Für sie bringt die Realisierung des Kinderwunsches einen neuen Anfang. Doch die beruflichen Nachteile durch eine Babypause holen nur wenige Mütter später auf. Wenn sie nach Jahren wieder in den Beruf einsteigen, stehen sie als Anfängerinnen ohne Berufserfahrung in Konkurrenz zu den gut ausgebildeten jungen Männern und Frauen, die Jahr für Jahr nachgewachsen sind. Fortbildung ist teuer und kostet Zeit, und der zweite Bildungsweg ist mit 30 plus nicht selten schon versperrt.

Auch die finanziellen Nachteile wiegen schwer. Eltern investieren in ein Kind bis zum achtzehnten Lebensjahr rund 100000 Euro. Rechnet man die Einkommeneinbußen hinzu, kommt man leicht auf die doppelten Kosten. Die Behauptung, dass Kinder arm machen können, ist nicht aus der Luft gegriffen. Mütter und Väter staunen darüber, was Kinder so täglich in sich reinfuttern können, was gesunde Säfte kosten, wie häufig neue Schuhe für die Kleinen fällig sind, wie oft T-Shirts zerschlissen sind, Schulsachen gebraucht und Klassenfahrten geplant werden, die Wunschliste ist unendlich lang. Erst recht, wenn die Kinder größer werden. 20-jährige Mütter kommen nicht so viel zum Arbeiten wie ihre gleichaltrigen kinderlosen Freundinnen, weil sie ihren Nachwuchs hüten müssen. Aber manche junge Mutter muss einfach Geld verdienen. Sie muss zugreifen, wenn ihr etwas angeboten wird. Dabei kommt nicht selten der Putzjob heraus, den die gelernte Einzelhandelskauffrau eigentlich nie annehmen wollte. Das Geld, das sie zur Verfügung haben, brauchen die Mütter vor allem für ihre Kinder. Die eigenen Wünsche stehen ganz hinten an. Die Begriffe Geld und Kinder in einem Atemzug zu nennen, weckt unangenehme Gefühle. Natürlich geben Kinder viel zurück. Natürlich erleben junge Eltern wunderbare Momente, für die sich die ganze Mühe lohnt. Doch die Geldnöte vieler junger Eltern sind ein nicht zu übersehender Stressfaktor.

Ein weiteres Problem, das viele mit 20 davon abhält, eine Familie zu gründen, liegt in der Partnerschaft. Gerade die jüngere Generation kennt den viel diskutieren Zerfall der Familie oft aus eigener Erfahrung oder dem Freundeskreis. Sie sind auch in der größten Verliebtheit längst nicht so naiv, wie manchmal unterstellt wird. In den Großstädten zerbricht jede zweite Ehe, auf dem Land jede dritte. Insgesamt scheitern 40 Prozent der Ehen, wie die aktuelle Scheidungsstatistik verrät. Wie viele Beziehungen ohne Trauschein wieder auseinander gehen, weiß niemand so genau. Die Schätzungen variieren zwischen 60 und 90 Prozent, je nachdem, was der einzelne Forscher unter einer festen Beziehung versteht. Das hat Folgen für die Familien. In Berlin und im ganzen Osten wächst die Hälfte der Kinder bei einem allein erziehenden Elternteil auf. Bundesweit erlebt das mittlerweile knapp jedes dritte Kind. Wir leben alle so, wie es uns gerade passiert ist. Als Single. Als Ex. Als Paar. Mit und ohne Trauschein. Nach dem Sprung auf die Elternseite leben wir in Kernfamilien, Patchwork-Familien, Ein-Eltern-Familien oder Fortsetzungsfamilien, wie es heutzutage heißt. Viele junge Mütter sagen deshalb ohne jede Illusion: Die Männer kommen und gehen, aber ein Kind begleitet dich ein Leben lang, und das macht die Verbindung so kostbar und so einzigartig.

Man könnte den Eindruck haben, dass es uns immer unwichtiger wird, ob wir für das Projekt Kinderwunsch einen zuverlässigen Mann an unserer Seite haben oder nicht. Doch das ist nicht der Fall. Die Aussicht, die Verantwortung teilen zu können, erleichtert selbst in Zeiten brüchiger Bindungen das Ja zum Kind. Die Beziehung ist so wichtig wie eh und je, auch für die jungen Frauen. Nur jede zehnte Mutter um die 20 ist zwar verheiratet, aber die meisten leben in einer festen Beziehung. Über alle Altersgruppen hinweg kamen 2001 rund drei Viertel der Kinder in Westdeutschland in Ehen zur Welt. Ein Kind ganz ohne Partner zu bekommen, ist heute keine Seltenheit mehr und erst recht kein Grund, sich ausgeschlossen zu fühlen. Aber der viel beschworene Wandel der Familie und die Vielfalt der Lebensformen sind lange nicht so groß, wie es von konservativen Stimmen befürchtet und von progressiven herbeigeredet wurde. Das Kinderprojekt ist immer noch ein Gemeinschaftsprojekt – zumindest ist es das am Anfang.

Wie wichtig ist der Partner?

Im Westen (2001):

75 Prozent der Paare, die Eltern wurden, waren verheiratet
12 Prozent lebten in festen Beziehungen ohne Trauschein
13 Prozent der Mütter lebten allein

Im Osten (2001):

41 Prozent der Paare, die Eltern wurden, waren verheiratet
36 Prozent lebten in festen Beziehungen ohne Trauschein
23 Prozent der Mütter lebten allein

Quelle: Statistisches Bundesamt

Im Westen ist die Ehe ein zusätzlicher Stabilitätsfaktor für die Mütter, die ihren Beruf sehr viel öfter an den Nagel hängen als im Osten. Dort stehen mehr Betreuungsmöglichkeiten zur Verfügung, und dort ist es seit Jahrzehnten normal, mit einem Kind berufstätig zu bleiben. Die Absicherung durch den Mann ist daher weniger wichtig. Im Osten bekommen die jungen Frauen früher ein Kind als im Westen, auch die, die noch studieren möchten. Dafür zögern sie länger mit dem zweiten Kind.

Heute betrifft die hohe Trennungsrate die schlechter ausgebildeten Frauen stärker, als das früher der Fall war. Der amerikanische Psychologe Larry A. Kurdeck präsentierte 1993 die Ergebnisse einer Studie, in der er die Haltbarkeit von Ehen untersucht hatte. Seine Ergebnisse spiegeln den gesellschaftlichen Wandel: Früher zerbrachen die Beziehungen der gut gestellten Männer und besser ausgebildeten Frauen. Heute halten diese Ehen länger. Ein geringes Einkommen des Ehemannes, ein niedriges Bildungsniveau der Ehefrau sowie eine vorangegangene Scheidung bei einem der beiden Partner sind laut Kurdeck inzwischen die drei wichtigsten Risikofaktoren. Auf der Beziehungsebene ist für die Haltbarkeit entscheidend, ob sich ein Paar lange kennt, dann ist die Bindung statistisch gesehen dauerhafter, außerdem, wenn nur eine gemeinsame Kasse geführt wird und kein Stiefkind in der Familie lebt. Zum Sprengsatz können unrealistische Erwartungen werden. Wer beispielsweise denkt, dass Streit schädlich für eine Beziehung sei oder dass in sexueller Hinsicht immer alles perfekt laufen müsse, sollte sich schon mal nach einem Scheidungsanwalt umsehen.

In jungen Jahren Mutter zu werden, hat auch gute Seiten. In Sachen Fruchtbarkeit sind die Probleme am kleinsten. Mit 20 sind unsere Eierstöcke in ihren besten Jahren. 30 Prozent der Frauen um die 20 werden im ersten Zyklus schwanger. Die Wahrscheinlichkeiten addieren sich zwar nicht, aber im zweiten Zyklus sind schon über die Hälfte schwanger geworden. Das ist den meisten jungen Müttern allerdings gar nicht so bewusst. Fruchtbarkeit ist in diesem Alter eine Selbstverständlichkeit und nur selten ein positiv besetzter Begriff. Bei der Geburt haben es die jungen Mütter nicht leichter, wie man meinen könnte. Ihr festes Gewebe dehnt sich schwerer. Sie nehmen sogar öfter Schmerzmittel als die 30-Jährigen.

Die jungen Mütter sind sorgloser und gelassener. Das kann ein Vorteil und ein Nachteil sein. Nur 60 Prozent gehen regelmäßig zur Vorsorge, beklagen die Ärzte. Sie trinken locker das Glas Wein mit Freunden und rauchen so manche Zigarette zu viel. Da ihr Leben noch nicht in starren Bahnen verläuft, passt ein Kind besser hinein und stürzt nicht das ganze bisherige Leben um. In dem Alter sind außerdem die Ansprüche kleiner. Die Kinder werden nicht wie bei vielen älteren Müttern zur erweiterten Darstellungsfläche ihres eigenen Stils aufgemotzt. Der dicke, schwarze Landrover, die süßen Moonboots von Gucci in Größe 26 und das perfekt eingerichtete Haus mit Garten – davon träumen die meisten 20-Jährigen nicht einmal. Auch in einer kleinen Wohnung kann schließlich das Glück gelingen. Und so übertrieben leben selbst die guten Freunde ohne Kinder nicht.

Manche kinderlose Akademikerin um die 40 träumt rückblickend davon, mit 20 ein Kind bekommen zu haben. In der Zeit hätte ein Kind prima ins Leben gepasst! Was hätte es schon gemacht, wenn das Studium ein, zwei Jahre länger gedauert hätte? Dafür wäre das Kind schon groß und selbständig gewesen, als es mit der eigenen Karriere ernst wurde, als einem mit Mitte 30 mehr Verantwortung im Job angeboten wurde. Aber dann guckt man die alten Fotos an und weiß meist sofort, was einen damals davon abgehalten hat: die Unabhängigkeit von den Eltern genießen, Partys feiern, mit Freunden zum Campen nach Sylt, per Anhalter ans Mittelmeer, das wenige Geld für sündhaft teure Schuhe ausgeben. Es hat seine Gründe, warum die meisten nicht direkt nach dem Abitur oder nach der Lehre ein Baby bekommen wollen und Freundinnen, die schwanger werde, nicht gerade beneiden. Mit 20 verhüten die meisten Frauen besonders sorgfältig, um ihre Freiheit nicht zu gefährden. Ihre Fruchtbarkeit ist etwas, das mit Disziplin und sicheren Verhütungsmitteln unter Kontrolle gehalten werden muss.

Mit 30

Ab 29 starten viele Frauen in der Kinderfrage voll durch. Jetzt oder nie! Mutter zu werden bedeutet, eigene Wünsche zurückzustellen. Das ist in diesem Alter kein Martyrium mehr, sondern eine willkommene Herausforderung. Wenn sie die 30 überschritten haben, erwischt es allmählich auch die Männer. Der richtige Zeitpunkt ist da. Wir sind bereit. Während die Frauen sich im Schnitt schon seit zehn Jahren mit ihrem Kinderwunsch beschäftigen, beginnt das Thema die Männer erst mit etwa 27 ernsthaft zu bewegen. Kaum entschieden, sucht er schon nach der richtigen Mutter für seine Kinder, die im Durchschnitt drei bis vier Jahre jünger ist als er. Die Frauen zwischen 29 und 34 bringen in Deutschland insgesamt 40,2 Prozent der Kinder zur Welt. Kein Wunder also, dass Frauen um die 30 in der Kinderfrage besonders ins Grübeln kommen. Stoßen sie doch überall im Freundes- und Bekanntenkreis auf schwellende Bäuche, frisch geborene Babys, süße Kleinkinder und Eltern zwischen Stolz, Aufregung und Nervosität. Der Zeitpunkt ist gut gewählt, so mitten im Leben. Die Freiheit ist ausgekostet, die beruflichen Weichen sind gestellt und davon, ein alter Vater oder eine alte Mutter zu sein, träumen die wenigsten. Allerdings wird das »zu jung« und »zu alt« heute nicht mehr überbewertet. Hauptsache ist, man fühlt sich wohl und das Kind ist willkommen.

Iris, 34, Juristin aus Frankfurt:
»Vor drei Jahren war ich auf einem Tiefpunkt angelangt. Meine beste Freundin Valerie hatte ein Baby bekommen. Als sie vor mir ins Kinderzimmer schlich und den rosa Baumwollhimmel über dem Stubenwagen zur Seite schob, kam sie mir fast wie eine Heilige vor. Ausgerechnet Valerie mit einem rosa Stubenwagen! Sie hasste doch rosa. Ihr Baby war wunderhübsch. Aber als sie die Kleine behutsam auf den Arm nahm, war mir plötzlich zum Heulen zumute, weil eigentlich ich dran gewesen wäre. Meine Beziehung war sechs Jahre älter als ihre. Holger und ich kannten uns seit der Uni. Sie kannte ihren Freund erst seit einem Jahr. Ich hatte schon die Pille abgesetzt. Aber plötzlich wollte Holger das alles nicht mehr. Ein Baby würde ihn zu sehr an Frankfurt ketten. Als er kurz darauf der Karriere wegen in die USA ging, hatten wir schon Schluss gemacht.

›Hoffentlich geht alles gut‹, flüsterte Valerie so vertraut wie immer. ›Was soll denn jetzt noch schief gehen?‹, platzte ich heraus. Früher hätten wir zusammen darüber gelacht, weil das unser Standardsatz in schwierigen Situationen war. Aber es klang so roh in dem stillen Zimmer. Ich sehe sie noch vor mir, wie sie ein bisschen rot wurde und ihre Tochter zärtlich mit der Nase anstupste. Sogar ihre Hände sahen anders aus, stärker irgendwie, größer und beschützender. Ich freute mich für sie. Aber sie war meilenweit von mir entfernt. Marie und ihre Bedürfnisse würden jetzt ihr Leben bestimmen. Unsere Freundschaft war nicht mehr so wichtig für sie. Valerie war seit der Trennung von Holger der wichtigste Mensch in meinem Leben. Ein Mensch, der ganz andere Dinge um die Ohren hatte, als eine sitzen gelassene Freundin zu trösten. ›Willst du noch bleiben?‹, fragte mich Valerie, ›meine Schwiegereltern kommen gleich.‹ Natürlich lehnte ich ab. Unser inneres Band war plötzlich ganz dünn geworden. Ich hatte ihr so wenig zu sagen. Und ich war eifersüchtig, traurig und einsam.

Zwei Jahre lief mein Leben vor sich hin. Ich ging zur Arbeit, versuchte die Trennung von Holger zu verdauen, hoffte, dass er sich auf Knien bei mir entschuldigen würde, und wenn es mir ganz mies ging, schrieb ich verzweifelt an einem Tagebuch, das ein Roman werden sollte und nie über die ersten zwei Seiten hinauskam. Valerie hatte neue Freundinnen, alle mit kleinen Kindern. Ich hatte auch bald neue Freundinnen, alle Singles wie ich.

Alex lernte ich bei einer meiner neuen Freundinnen kennen. Er kam mit einer Flasche Champagner in der Hand ins Wohnzimmer und wollte mit uns anstoßen. Er hatte Geburtstag. Ich weiß nicht, warum ich mich ausgerechnet in ihn verknallt habe. Ich kann mich nur noch erinnern, dass ich all die Leute um uns herum nicht mehr wahrnahm und nur noch sein Gesicht anschaute. Wir haben drei Jahre gebraucht, bis wir so weit waren, uns für ein Baby zu entscheiden. Alex hatte immer Kinder gewollt. Er war 31 und hatte einen sicheren Job in einer Versicherung. Doch irgendwo saß bei mir eine tiefe Angst, dass ich die Pille absetze und er verschwindet – aber Alex ist nicht verschwunden! Neulich rief Holger das erste Mal an. Er murmelte etwas von einem Fehler. Ich habe ihn gebremst und von meinem Baby erzählt. Als er auflegte, war ich froh, dass Alex der Vater meines Kindes ist. Auf Holger wäre nie Verlass gewesen.«

Julia, 28, Mediaplanerin, Hamburg:
»Als ich das Haus nach der Nacht X verließ, wusste ich, dass ich schwanger war. Zwei Wochen später merkte ich, dass meine Brüste sich verändert hatten. Sie waren so wattig und irgendwie größer geworden. Zusammen mit meiner besten Freundin machte ich einen Schwangerschaftstest. Das Ergebnis war negativ! Keine Verfärbung. Nichts. Ich erinnere mich noch genau daran, wie ich den Test wieder in die Packung steckte und wegwarf. Später suchte ich ihn im Mülleimer. Der Teststreifen war inzwischen rosa geworden. Also doch!

Ich wusste sofort, dass ich dieses Kind will. Wie schlimm sich eine Abtreibung anfühlt, wusste ich leider auch. Das kam nicht noch einmal infrage. Ich hatte lange gebraucht, um darüber hinwegzukommen. Genau genommen hatte ich es gerade erst geschafft. Damals war ich 22 Jahre alt gewesen und meine Lebenssituation dementsprechend schwierig. Ich hatte keine Ausbildung, keinen Job, keine eigene Wohnung und einen unreifen Freund mit einer schrecklichen Familie im Nacken. Meine Eltern boten mir ihre Unterstützung an, aber ich wollte es aus eigener Kraft schaffen können. Mein Freund machte erst einen Rückzieher, und irgendwann sagte er doch, dass er mich heiraten würde, dann müssten aber meine Katzen weg. Es war alles so erbärmlich, unehrlich und schwierig, und mir war die ganze Zeit so furchtbar übel. Ohne ihn wäre es leichter gewesen. Mit ihm, so war mir klar, hätte ich die nächsten Jahrzehnte diese dominanten Menschen am Hals, die alle ein Recht auf das Kind einfordern würden.

Dieses Mal war alles ganz anders. Ich hatte eine eigene Wohnung und eigenes Geld. Dass der Vater des Kindes nicht dabei war, machte mir keine Angst. Ich wusste, ich schaffe das trotzdem. Mit einem Jahr wollte ich meinen Sohn eigentlich in die Krippe geben, damit ich wieder in meinen Beruf hätte einsteigen können, aber er war noch so wahnsinnig klein, und die Krippen haben mir nicht gefallen. Inzwischen ist er zwei Jahre alt und geht seit kurzem in den Kindergarten. Mein Sohn hat meine Welt gerade gerückt, von der ich gar nicht wusste, dass sie schief war. Ich habe erkannt, dass ich mich über Nichtigkeiten aufgeregt habe, dass ich viel Energie an Dinge und Menschen verschwendet habe, von denen ich nichts zurückbekam. Ich glaube heute, wir Frauen sollten die Männer nicht so wichtig nehmen.«

Jörn, 33, Gewerbelehrer aus Berlin:
»Tanjas Anruf erreichte mich, während ich in einem Seminar saß. Damals steckte ich noch in der Ausbildung. Sie berichtete völlig aufgelöst von einem lila ge-

färbten Teststreifen und dass sie sich vor Schreck erst einmal habe hinsetzen müssen. Ich war wie gelähmt. Sie ist schwanger! Ich wusste sofort, dass sie es will. Ich kannte den Klang ihrer Stimme, wenn sie sich freute und es mir nicht zeigen wollte. Ausgerechnet jetzt! Ich muss zugeben, ich war sauer, weil Tanja die Pille abgesetzt hatte und auf ein Diaphragma umgestiegen war. Warum hatte ich ihr das blöde Ding nicht ausgeredet? Warum hatte ich mich nicht geweigert, mit ihr zu schlafen? Seit ihre beste Freundin Mutter geworden war, hätte ich die Verhütung in die Hand nehmen müssen.

Sie redete ununterbrochen weiter. Ich schlich mich mit meinem Handy auf den Flur. Tanja sagte, sie sei total erleichtert zu wissen, dass sie schwanger werden könne. ›Hast du dich nicht auch schon darüber gewundert, dass bei uns nie ein Unfall passiert ist?‹, fragte sie. Darüber hatte ich mich nicht gewundert. Wir hatten schließlich all die Jahre verhütet. Ich wäre auch nie darauf gekommen, dass sie an ihrer Fruchtbarkeit zweifelte. Plötzlich stellte sich heraus, dass ich sie die ganze Zeit falsch verstanden hatte: Es ginge nicht. Nicht jetzt. Wie sollten wir das packen, mit Schulden, ohne Jobs? Ich war die ganze Woche über in Berlin, sie in Hannover. ›Gott sei Dank‹, sagte ich erleichtert zu ihr. Mir fiel ein Stein vom Herzen.

Abends diskutierten wir darüber. Wir wollten das Kind beide nicht. Aber Tanja tat, als müsse sie sich vor mir rechtfertigen. Unentwegt kramte sie Argumente hervor. Unsere berufliche und finanzielle Situation, die getrennten Wohnungen, ihre Angst davor, dass unsere Beziehung sich zum Schlechten verändern würde. Sie hatte schon alles bis ins Kleinste organisiert. Es sollte nichts zu ihren Eltern durchsickern. Sie würde zu ihrer besten Freundin nach Hamburg fahren. So konnte sie den Eingriff als kleine Reise tarnen. Angst hatte sie nicht. Sie wollte auch nicht, dass ich dabei war. Ich war froh, dass sie meine Hilfe nicht brauchte und dass sie nicht total verzweifelt war. Am Ende nahm ich sie in die Arme, weil sie aussah, als könnte sie Trost brauchen. Dann redeten wir nicht mehr darüber. Sie sprach es nicht an, und ich wollte sie auch nicht daran erinnern. Die Entscheidung war gefallen.

Erst nachdem Tanja an jenem Morgen losgefahren war, kam ich ins Grübeln. Ihr Gesichtsausdruck war so seltsam gewesen. ›Wenn sie mein Kind abtreibt, kann sie mich nicht lieben.‹ Diesen Satz hatte ein Freund zu mir gesagt, als er sich von seiner Ex trennte. Er war inzwischen mit seiner neuen Freundin Vater geworden. Ich dachte an Tanja und mich, ob unsere Liebe kleiner geworden war und ob sie mich nach der Abtreibung überhaupt noch lieben könne. Der Gedanke traf mich wie eine Keule. Ich hatte früher auf dem Bau gearbeitet. Aber wegen Rückenproblemen konnte ich meinen Beruf nicht länger ausüben. Hatte sie das Gefühl, sich an den falschen Mann gebunden zu haben? Einen Typen, der es nicht packt, mit Mitte 30 auf eigenen Füßen zu stehen? Hätten wir es nicht doch geschafft, für das Kind zu sorgen? Wäre es nicht ein Beweis unserer Liebe gewesen, wenn ich Ja zu diesem Kind gesagt hätte? Trotzdem rief ich sie nicht an. Wenn Tanja sich etwas in den Kopf gesetzt hatte, zog sie das auch durch. Sie war pragmatischer als ich. Ich machte mich auf den Weg nach Hamburg, ich wollte bei ihr sein, um sie zu trösten. Unterwegs klingelte das Handy. Tanja war dran. ›Ich hab's behalten‹, sagte sie ganz ruhig. ›Gott sei Dank!‹, antwortete ich wieder und kam mir ziemlich bescheuert dabei vor. Tanja heulte vor Erleichterung. Ich spürte plötzlich, wie froh ich war, dass wir bald ein Kind bekommen würden. Es wird schon irgendwie gehen, dachte ich. Meine Fortbildung würde bald beendet sein, und wenn ich danach tatsächlich eine Stelle als Lehrer bekommen sollte, hätte ich mehr Zeit als früher und vielleicht könnten wir sogar zusammenziehen.

Als Tanja wieder da war, redeten wir sehr lange miteinander. Sie konnte das Kind von Anfang an vor ihrem inneren Auge sehen. Es wollte auf die Welt. Sie hatte die ganze Zeit Zwiegespräche mit dem Ungeborenen geführt und ihm erklärt, warum es nicht ginge. Davon hatte sie mir vorher nichts erzählt. Sie hatte im Wartezimmer gesessen und gehört, wie die Namen der Frauen aufgerufen wurden. Eine Stunde war ihr Termin schon überfällig. Da ist sie einfach gegangen. Auf dem Weg zu ihrer Freundin überlegte sie, wie sie mir ihre Entscheidung plausibel machen konnte. Es würde immer einen Grund geben, es noch einmal aufzuschieben. Sie hatte genug Freiheit genossen. Die Hälfte ihrer Freundinnen war schwanger, die anderen hatten gerade ein

Kind bekommen. Diese Schwangerschaft war ein Geschenk. Aber ich sollte nicht das Gefühl haben, von ihr reingelegt worden zu sein. Tanja war sich sicher, das alles irgendwie schaffen zu können – zur Not auch ohne mich. Das gab ihr Sicherheit.

Dass Tanja nicht abgetrieben hatte, war für mich auch ein Beweis, dass sie mich liebte. Allerdings habe ich mich bei der Entscheidung die ganze Zeit außen vor gefühlt. Sie hatte die Fäden in der Hand. Sie erzählte mir nur das, was sie mir erzählen wollte. Ich hätte mir gewünscht, dass wir offener darüber gesprochen hätten und es unsere gemeinsame Entscheidung geworden wäre. So hat jeder seine für sich allein gefällt.«

Frauen, die mit 30 schwanger werden, sind nachdenklicher als die ganz jungen Mütter. So war es zumindest bei den Frauen, mit denen ich gesprochen habe. Viele hatte ambivalente Gefühle. Die Freude war riesig. Aber es drängten sich auch lauter Fragen auf: Wie wird sich die Beziehung verändern? Was geschieht mit meinem Körper? Was wird aus dem Beruf? Schaffe ich das alles? Reicht das Geld? Wie wird das Kind, das da kommt? Was wird, wenn es nicht gesund ist? Auch mit 30 verläuft das Leben mancher Frauen keineswegs in ganz geregelten Bahnen. Trotzdem fallen für viele mit 30 die Würfel. Die meisten Frauen sind jetzt trotz allem Wenn und Aber innerlich bereit. Während meiner Recherchen habe ich mit zahlreichen Frauen gesprochen, die mit Anfang 30 Mutter geworden sind. Sie alle berichteten, dass ihr Kinderwunsch schon immer groß gewesen sei. Vielleicht unterscheidet sie das von den Frauen, die mit 30 noch nicht die Weichen für einen Familie stellen wollen.

So alt waren die Mütter der 2001 in Deutschland geborenen Babys

20–22 Jahre	9,0	Prozent
23–25 Jahre	13,0	Prozent
26–28 Jahre	16,9	Prozent
29–31 Jahre	21,2	Prozent
32–34 Jahre	19,0	Prozent
35–37 Jahre	11,3	Prozent
38–40 Jahre	4,5	Prozent

Quelle: Eigene Berechnungen nach Zahlen des Statistischen Bundesamtes

Frauen, die ihr Kind im »Babyboomalter« bekommen, haben häufig schon einmal schmerzhafte Erfahrung mit einem Schwangerschaftsabbruch machen müssen, entweder am eigenen Leib oder als Trösterin einer Freundin. In einigen Interviews spielte diese Erfahrung eine wichtige Rolle, in anderen kam das Gespräch eher am Rande darauf. Ein Schwangerschaftsabbruch zwingt dazu, sich mit dem eigenen Kinderwunsch auseinander zu setzen. Eine Abtreibung kann auch Ausdruck eines Kinderwunsches sein: Ich wünsche mir ein Kind, aber ich traue mir diesen Schritt nicht zu, ich vertraue nicht auf die Fundamente, die ich bisher im meinem Leben geschaffen habe. Der Schritt auf die Elternseite wird als große Hürde empfunden, als Schwelle, die zu überschreiten man nicht den Mut hat.

Unsere Gefühle sind der Motor. Nicht jede Erklärung, die der Verstand sich zur Abtreibung zurechtlegt, trifft tatsächlich den Kern. Gefühle sind komplex und manchmal in ihrer Wucht schwer benennbar. Hinzu kommen die Schwangerschaftshormone, die jede Frau in der Entscheidungssituation völlig umkrempeln. Im Jahr 2002 wurden in Deutschland 130387 Abtreibungen vorgenommen, die Dunkelziffer dürfte bedeutend höher liegen. Knapp 40 Prozent der betroffenen Frauen hatten noch keine Kinder. Das statistische Bundesamt unterteilt die Frauen in solche ohne Kinder, mit einem Kind, mit zwei Kindern und so weiter. Die kinderlosen Frauen sind mittlerweile zur größten Gruppe geworden. Früher stellten die Frauen mit vielen Kindern den größten Anteil. Zum Vergleich: Nur 10,7 Prozent der Frauen, die 2002 abtrieben, hatten drei oder mehr Kinder.

Diejenigen unter den 30-jährigen Frauen, die meinen, ihren Traummann gefunden zu haben, realisieren den Kinderwunsch erwartungsgemäß deutlich öfter als die, die davon nicht so überzeugt sind. Die Zweiflerinnen unter uns werden jetzt ihre Stirn runzeln und sich fragen, wie viele überhaupt den Traummann gefunden haben können, gibt es doch bekanntlich mehr Nieten als Hauptgewinne. Aber es sind tatsächlich 60 Prozent der Frauen davon überzeugt, den richtigen Mann gefunden zu haben, wie Umfragen zeigen.

Im Gegensatz zu den jungen Müttern sind die 30-Jährigen besser auf die neue Herausforderung vorbereitet. Die Schwangeren ab 30 lesen sich ein, üben sich im Atmen, gehen zum Yoga, ernähren sich gesund und wissen, was ihnen und ihrem Baby jetzt am besten bekommt. Und anders als die unbekümmerten jungen Mütter gehen sie regelmäßig zur Vorsorge. Bei der Geburt zahlt sich die gute Vorbereitung meist aus. Viele 30-Jährige kommen ohne Schmerz- und Betäubungsmittel aus, auch wenn der Traum von der natürlichen Geburt sich in der Realität als wenig rosig erweist.

Das Plus dieser Altersgruppe ist ihre Umsicht. Sie wissen, wie sie Schwierigkeiten meistern und wo sie sich Informationen holen können. Die meisten der gut ausgebildeten Frauen möchten nur vorübergehend aus ihrem Beruf aussteigen. Wem sein Beruf wichtig ist, der will möglichst bald wieder anfangen, und sei es nur halbtags. Viele Frauen in diesem Alter bemühen sich daher frühzeitig um einen der raren Krippenplätze oder sorgen mit privaten Arrangements vor, um berufliche Nachteile zu verhindern. Die besser ausgebildeten Frauen nutzen auch die Möglichkeiten der modernen Medizin mehr als andere. Wenn es mit dem Wunschkind nicht klappt, gehen sie oft ohne Zögern zum Spezialisten.

Und was ist mit dem Babyschock? Ganz und gar nichts! Das erste Kind stellt auch das Leben einer 30-Jährigen auf den Kopf, keine Frage, aber Mütter in diesem Alter können mit dem Stress der Umstellung meist gut fertig werden. Sie haben gelernt zu organisieren, sie haben einen verlässlichen Partner oder eine gute Freundin, die auch Mutter ist, und sie haben meist die finanziellen Mittel, um auch mal einen Babysitter zu bezahlen. Und wie es scheint, macht nichts mehr Lust auf ein Baby als ein Baby. Fast alle Freundinnen von frisch gebackenen Müttern kommen ins Grübeln, merkte ich beim Recherchieren. 80 Prozent der Mütter im Westen bekommen ein zweites Kind! In Ostdeutschland sind es nicht so viele. Dafür entscheiden sich 18 Prozent mehr Frauen als im Westen überhaupt für ein Baby. Ein französisches Sprichwort sagt: »Ein Baby ist ein Engel, dessen Flügel im gleichen Maße schrumpfen, wie die Beine wachsen.« Offenbar wünschen wir uns gar keine Engel, sondern sind mit der Realität ganz zufrieden.

Mit 40

Frauen um die 40 haben die Phase der Torschlusspanik schon hinter sich. Mit 35 packt viele die Angst, möglicherweise die letzte Chance auf ein eigenes Kind zu verpassen. Dieser Druck ist inzwischen verschwunden. Man muss nicht alle Erfahrungen dieser Welt machen, sagen sie sich. Ältere Frauen wissen, dass Traummänner Träume platzen lassen. Sie haben bei ihren Freundinnen erlebt, dass eigene Kinder nicht nur Freude, sondern auch jede Menge Sorgen bereiten können. Aber sie machen sich auch nichts vor. Sie wissen, dass das Leben ohne Kinder einsam sein kann. Sie wissen, dass eine

Karriere selbstbewusst und zufrieden macht, aber ganz bestimmt nicht jeden Tag. Sie wissen, dass ein schöner Body kein Geschenk des Himmels ist, sondern das Ergebnis harten Trainings und dauerhafter Pflege. Frauen um 40 haben sich in ihrem Leben eingerichtet. Und dennoch beschleicht manche ein seltsames Gefühl. Was, wenn das jetzt alles gewesen ist? Was ist aus meinen Träumen geworden? Will ich mit meinem Partner ein ruhiges Leben führen – bis ans Ende unserer Tage? Woran hängt unser Glück, wenn die Wechseljahre kommen und für immer gehen, wenn all die grauen Haare sich nicht mehr so leicht auszupfen lassen und wenn der Elan nachlässt? Ein Kind ist Leben pur! Es strahlt Freude und Optimismus aus und bringt Wirbel in unser Leben. Über ein Kind können wir noch im Altersheim reden. Wen interessieren da schon unsere alten Schnappschüsse von Heiner, Wolfgang und Ralf: mit Heiner und dem Handtuch auf dem Kopf am Gelben Fluss. Mit Wolfgang in der staubigen Oase in der Wüste. Mit Ralf am Strand in Timmendorf. Will sie es noch einmal wissen oder nicht?

Katrin, 44, Diplom-Pädagogin aus Hannover:
»Wir waren zwanzig Jahre verheiratet. Und plötzlich hatten wir beide so eine seltsame innere Unruhe, eine Aufbruchstimmung. Sollen wir jetzt das Haus in Südfrankreich kaufen? Oder die Miniwohnung in London? Vielleicht eine Finka auf Mallorca? Wir könnten endlich mal über unseren Schatten springen und Schulden

machen für einen verrückten Traum! Eigentlich wollten wir uns nie auf einen Flecken Erde festlegen, uns nie um irgendwelchen Besitz kümmern müssen. Aber nun klang das plötzlich reizvoll. Dass Kinder nicht in unser Leben passten, hatten wir tausendmal besprochen.

Ich werde es nie vergessen. Wir bummelten durch die Innenstadt und redeten über St. Petersburg. Den Gedanken an eine Wohnung in Russland fanden wir total abgefahren. Da kam uns ein Paar entgegen. Sie trug ein Kind auf dem Arm, einen Jungen mit großen dunklen Augen und einem auffallend schlanken Hals. Er war in besonderer Weise süß. Ihr Gesicht war schon etwas älter – so wie meines. Ich spürte plötzlich einen Stich im Herzen. Ich will ein Baby, schoss es mir durch den Kopf. Jetzt wäre ich innerlich bereit dafür! Ich hatte so viele Jahre gebraucht, um dieses Gefühl zu entwickeln, zahlreiche Jahre, in denen ich von der Buchhändlerin zur Akademikerin geworden war. Vielleicht liegt es daran, dass ich der Typ bin, der immer eines nach dem anderen macht. Erst jetzt wusste ich, dass ich beides schaffen könnte. ›Weißt du, ich möchte ein Kind‹, sagte ich und rechnete mit einem Lacher. Frank war nicht entsetzt oder verblüfft. Er hatte es kommen sehen. ›Klar, wenn du willst‹, sagte er ganz einfach und mit viel Schwung in der Stimme. ›Ich hätte Lust dazu!‹

Ich setzte die Pille ab, und nach einem halben Jahr war ich schwanger. Bis zur zwölften Woche sei es heikel, warnte uns der Arzt. Jedes zweite befruchtete Ei gehe in meinem Alter wieder verloren. Wir sagten niemandem etwas. Ein bisschen peinlich war es mir schon. Ich hatte früher oft gegen das Kinderkriegen gewettert. Vielleicht tat ich das, um mich selbst auf Kurs zu trimmen. Alles ist schließlich gut gegangen. Unsere kleine Tochter wird jetzt von uns mit Liebe überschüttet, hoffentlich nicht zu viel. Wir wissen beide, dass wir ungeheures Glück gehabt haben.«

Franco, 46, Gastwirt aus Berlin:
»Als Karina mit 39 schwanger wurde, freute ich mich, dass sie endlich mit jemandem glücklich war. In unserer Beziehung hatte der Wurm gesteckt. Sie wurde nicht schwanger und setzte mir dauernd die Pistole auf die Brust, damit ich zu einem Spezialisten ginge. An ihr konnte es nicht liegen. Dass ich mich nach zwei Jahren immer noch nicht aufgerafft hatte, versetzte unserer Beziehung den Todesstoß. Ich glaube, ich habe Karina mehr geliebt als jede andere Frau in meinem Leben. Aber sie war wie eine Dampfwalze. Was sie wollte, wollte sie um jeden Preis, auch auf Kosten anderer. Ich kam mir vor wie getrieben. Ich wusste noch nicht, ob ich wirklich ein Kind wollte. Ich war innerlich noch nicht so weit. Aber sie konnte nicht auf mich warten. Ob ich unglücklich bin, wenn ich es verpasse, Vater zu werden? Ich glaube schon. Ein Kind zu zeugen ist so elementar, wie geboren zu werden und zu sterben. Mit Karina wäre ich irgendwann so weit gewesen. Aber sie hat sich für einen anderen entschieden. Ich hoffe, sie bereut das nicht.«

Martin, 46, Arzt aus Bremen:
»Dass ich keine Kinder haben will, wusste ich schon immer. Schon als Junge mit 13 oder 14 Jahren. Warum, weiß ich selbst nicht so genau, obwohl ich das unzählige Male erklären musste. Vielleicht liegt es daran, dass es eigentlich genug Kinder auf dieser Welt gibt. Wir sind über sechs Milliarden Menschen, mehr als jemals zuvor! Gegenüber meinen Freundinnen musste ich rechtfertigen, warum ich mich hatte sterilisieren lassen. Das war ein ständiger Streitpunkt. Ich hatte etwas in meinem Leben entschieden, das auch ihr Leben und ihre Lebensplanung betraf. Meine beiden Exfreundinnen waren genervt, dass Kinder mit mir von vornherein nicht mehr drin waren. Das hat in einem Fall auch den Ausschlag zur Trennung gegeben. Ich weiß nicht, vielleicht habe ich mich dazu entschlossen, weil mein bester Freund mit zwölf Jahren an Krebs gestorben ist. Leben kann auch wehtun. Das sehe ich in meinem Beruf als Arzt jeden Tag im Krankenhaus. Die Entscheidung fiel jedenfalls schon mit Anfang 20. Aber da wollte mich kein Arzt operieren. Mit 30 sah die Sache anders aus.

Meine Eltern haben mir nie Druck gemacht, damit sie Großeltern werden. Sie haben mich immer darin bestärkt, zu tun, was ich für richtig halte. Manchmal frage ich mich, ob sie mir vielleicht das Gefühl gaben, dass ich, ihr Kind, zu ihrem Glück nicht nötig bin. Meinem Freund, der gestorben ist, ging das irgendwie genauso. Wir waren ein gutes Team, geradezu Seelenverwandte. Möglichweise war ich deswegen sicher, dass Kinder nicht zu meinem Leben dazugehören.

Martina lernte ich bei Freunden kennen. Sie ist ungeheuer stark in allem, was sie tut. Das liegt natürlich auch an ihrem Job in der Entwicklungshilfe. Sie war es, die das Thema Kinder ansprach, bevor ich überhaupt von meiner Sterilisation erzählt hatte. Sie wollte keine Kinder, weil sie wusste, dass sie keine gute Mutter sein würde. Damit war das Thema für uns abgehakt. Wir reisen viel und haben uns immer jede Menge zu erzählen, ein Kind würde da nur stören. Martina ist meine Traumfrau. Vielleicht gerade, weil sie sich nicht mit kleinen Welten zufrieden geben will.«

Martina formuliert es etwas zurückhaltender:

»Ich habe bestimmt eine sorgende Seite in mir, die ohne Kind zu kurz kommt. Aber ich weiß auch, dass es mir an Ausdauer fehlt. Ich wäre keine verlässliche Mutter geworden, während der Studienzeit schon gar nicht. Ich war immer engagiert und hatte jede Menge um die Ohren. Dennoch habe ich, seit ich 38 bin, nicht mehr konsequent verhütet. Ich hätte mich sehr gefreut, wenn der Zufall mitgespielt hätte. Zurzeit arbeite ich viel und genieße das. Mit Kind hätte ich ein anderes Leben, das ich einfach nicht so spannend fände. Dass Martin sterilisiert ist, fand ich toll, weil die meisten Männer sich nicht um Verhütung kümmern. Trotzdem war da dieser Moment, wo ich dachte: Hoppla, ich bin jetzt 41 Jahre. Das war es dann mit der Entscheidung. Vorher hatte ich mich noch nicht festgelegt. Aber nach einer kurzen

Krise war das sofort okay. Denn einen anderen Mann als Martin möchte ich mir nicht vorstellen. Er ist mein Traummann.«

Die späten Mütter, die sich in letzter Sekunde für ihr erstes Kind entscheiden, haben ihre Herzlichkeit einem eigenen Kind gegenüber oft erst über den Kopf entwickelt. Spontan war ein nur geringer Kinderwunsch da, nur geringe Freude bei dem Gedanken an ein Baby, geringere unerfüllte Sehnsüchte. Das Gefühl ließ sich leichter in den hinteren Winkel schieben oder ganz verdrängen. Doch der Gedanke daran, einen Teil der weiblichen Seite nie zu leben, nie ein Kind zu haben, begann irgendwann Wehmut zu erzeugen. Viele Frauen um die 40 verhüten deshalb nicht mehr. Aber die wenigsten wissen, wie klein der Zufall einer ersten Schwangerschaft jetzt noch ist. Der Wunsch nach einem Kind ist jedoch nicht so stark, dass alle um die 40 zum Arzt gehen oder sich von einem Mann trennen würden, der keine Kinder will. Und eines kann in unseren unsicheren Zeiten fast als Regel gelten: Wenn einer in der Beziehung keine Kinder möchte, setzt sich das durch. Das ist so ähnlich wie in der Mathematik. Aus plus und minus wird minus. Mit dem Unterschied, dass aus minus und minus nicht plus wird.

Anders ergeht es den Frauen, bei denen seit Mitte 30 die Umstände nicht gepasst haben: die Mutter werden wollten, aber beispielsweise nicht den richtigen Partner hatten. Bei ihnen bleibt die Sehnsucht lebendig, »wie ein leiser Dauerton«, so hat es eine Freundin beschrieben, auch wenn andere Projekte sie beschäftigen. Wenn dann in letzter Sekunde doch noch der Job weniger Aufmerksamkeit braucht oder der richtige Mann für das Kinderprojekt auftaucht, greifen sie zu und wagen ihr Glück. Jede dritte Mutter um die 40 hat einen neuen Partner beim Sprung auf die Elternseite.

Die Mütter um die 40 sind wie die zehn Jahre jüngeren Mütter gut ausgebildet. Manchmal hat ein Knick in ihrem Lebenslauf verhindert, dass sie früher Mutter geworden sind. Der zweite Bildungsweg hat die Ausbildungsphase verlängert, der Sprung in den Job hat nach dem Studium nicht auf Anhieb geklappt, oder plötzlich lockte mit Anfang 30 ein Karrieresprung wie bei Gaby Bauer, die dann noch mit 38 Zwillinge bekam. »Mach es oder lass es«, umschreibt die Lässigkeit mancher 40-Jähriger in der Kinderfrage, die in ihrem Beruf zufrieden sind. Wenn es mit dem Wunschkind nicht klappt, gehen einige der älteren Frauen auch zum Spezialisten. Die Aussichten sind allerdings nicht so rosig, wie wir gesehen haben, und was folgt, sind mitunter langjährige Torturen im Reprowunderland. Es ist fast unmöglich, sich dabei nicht in den Kinderwunsch hineinzusteigern und schließlich zu verzweifeln.

Die meisten der Frauen, die mit über 39 Jahren schwanger werden, bekommen schon ihr zweites oder drittes Kind. Ihr Hormonhaushalt ist besser in Schwung. Lediglich vierzig Mütter in unserem Land waren 2001 bereits 50 oder älter. Die Chance, im ersten Zyklus schwanger zu werden, liegt im Alter von 40 plus bei zwei Prozent. Das Risiko einer Fehlgeburt beträgt 50 Prozent. Schwangerschaft und Geburt gelten ab 35 automatisch als Risiko. Durch die Alterung des Erbguts kann es zur Veränderung der Chromosomen gekommen sein. Die Ärzte sind deshalb gesetzlich dazu verpflichtet, den älteren Schwangeren eine Fruchtwasseruntersuchung zu empfehlen. Ein Muss ist das jedoch nicht. Und nicht jede werdende Mutter entscheidet sich dafür. Auch das Risiko von Komplikationen während der Geburt ist höher. 50 Prozent der Erstgebärenden über 40 bringen ihr Kind per Kaiserschnitt zur Welt. Manche bezweifeln, dass er wirklich immer notwendig ist. Aber auch die Frauen ziehen nicht selten den Kaiserschnitt vor. Wer möchte schon bei einer so kostbaren Frucht ein Risiko eingehen?

Das Plus der späten Mütter ist ihre Muße und ihre finanzielle Absicherung. Sie genießen ganz bewusst. Auch die älteren Väter sind gelassener und dankbar für das späte Glück. Wunschkinder entwickeln sich besonders gut. Das ist auch das schöne an den Reportagen über ältere Mütter. Sie strahlen Glück und Ruhe aus.

Kinderwunsch in Männerköpfen

> Seit ich Vater bin, weiß ich erst, wie es ist, seinem Kind das ganze Glück der Welt zu wünschen.
> Für meine Tochter wäre ich am liebsten der beste Mensch der Welt!
>
> *Jörn, 33, eine Tochter*

Vor der Erfindung der Pille sorgten das Band der Tradition und der Appetit auf Sex dafür, dass aus den meisten Männern irgendwann Väter wurden. Vom heterosexuellen Paar zum ersten Kind war es nicht weit. Das war ein Naturgesetz. Und heute? In unserer vom Individualismus geprägten Welt haben auch die Männer die freie Wahl. Wie entscheiden sie sich? Wollen die Männer heute Kinder? 2001 hatten 40 Prozent der 35-jährigen Männer in Westdeutschland und 33 Prozent in Ostdeutschland (noch) kein leibliches Kind. Die Mehrheit der Männer wird früher oder später Vater; im Westen sind es 67 und im Osten 88 Prozent. Die Männer und ihr Kinderwunsch lassen sich schwer in Kategorien pressen. Ein Mann kann seinen Kindern ein leidenschaftlicher Vater sein, sich aber gleichzeitig bei anderen Kindern, die er selbst gezeugt hat, aus der Verantwortung stehlen. Denken wir an Boris Becker. Was wir daran sehen können, ist vielleicht der elementarste Grundsatz am männlichen Kinderwunsch: die Liebe, die Erwartung und die Freude, die ein Mann an die Vaterschaft knüpft, hat in erster Linie mit der Frau zu tun, die sein Baby austrägt.

Johnny Depp, der sanfte Hollywoodrebell, hat in einem Interview mit der »Cosmopolitan« von seinem Familienglück erzählt: Er lernte seine Frau Vanessa Paradis 1998 kennen. Bereits ein Jahr später kam Tochter Lily Rose Melodie zur Welt, die »wunderschöne, sanfte Prinzessin«, wie der begeisterte Vater schwärmt. Drei Jahre später wurde Sohn Jack geboren, ein richtiger Junge, »unser Höhlenmensch«. Johnny Depp sagt: »Meine Familie ist mir wichtiger als alle Filme der Welt ... Vanessa erst erweckte mich zum Leben ... Ich vermisse nichts, auch wenn ich manchmal gerne wieder ausschlafen würde ... Ich weiß nicht, ob ich irgendwelche guten Eigenschaften habe. Ich möchte in meinen Kindern alles von Vanessa wiederentdecken. Sie ist so wundervoll.«

Und dann sind da Männer wie Hendrik. Hendrik ist 33 und jobbt als Pizzakurier neben seinem Jurastudium, vor dessen Abschluss er sich seit Jahren erfolgreich drückt. »Was erwartet ihr von uns?«, bekam ich zur Antwort, als ich bei dem Single nachhakte. Ich wusste, dass er um 30-jährige Single-Frauen einen großen Bogen macht, weil die alle nur das eine wollen: ein Kind! Und ein Kind ist für Hendrik, wie ich ihn nennen sollte, etwas, was er auf keinen Fall möchte. Ich fragte, wovon er in seinen kühnsten Träumen träume?

»Ich träume davon, meinen Job und mein Studium

hinzuwerfen, und würde danach am liebsten den Rest meines Lebens in der Südsee leben.«

Wovon?

»Vom Fischfang oder als Parkwächter.«

Und Frauen?

»Klar, hübsche exotische Frauen und sexy Touristinnen kommen in meinen Träumen vor – aber Kinder nicht, die stören nur.«

Keine Angst vor dem Alleinsein im Alter?

»Ich bin gern allein. Und falls ich mit 90 Jahren im Altersheim sitze, möchte ich lieber von jungen Mädels besucht werden als von meinem 57-jährigen Sohn.«

Hendriks Männerfantasien illustrieren einen zweiten Grundsatz in der Kinderfrage: Je unzufriedener ein Mann im Job und je erfolgloser er ist, desto weniger Lust hat er auf eigenen Nachwuchs. Je berufsorientierter Männer sind, je zufriedener im Beruf, desto eher wünschen sie sich statistisch gesehen Kinder. Den meisten Nachwuchs zeugen hierzulande die Landwirte. Das hat vor allem traditionelle Gründe. Landwirte brauchen einen Hoferben und Hände, die helfen können. Auf die Landwirte folgen die gut verdienenden Selbständigen und Freiberufler. Arbeiter und kleine Angestellte sind nicht ganz so spontan dabei, wenn es mit Mitte 30 darum geht, Vater zu werden. Entscheidend ist auch die religiöse Einstellung. In der Kirche zu sein oder nicht, macht keinen Unterschied. Nur praktizierende Gläubige haben deutlich mehr Kinder.

Harald, 37, aus Stuttgart:
»Stefanie war 27, ich 25, als wir uns ineinander verliebten. Damals wollte sie unbedingt Kinder, wenn wir zusammen Zukunftspläne schmiedeten. Aber nicht sofort. Erst wollten wir sehen, ob wir uns nicht in die Haare kriegen, wenn wir unter einem Dach leben. Außerdem hatten anfangs andere Wünsche Vorrang. Wir wollten erst unsere Beziehung unbeschwert und ohne Verantwortung für ein Kind genießen. Stefanies Verwandtschaft ist groß, Schwangerschaften, Kinder und Enkel stehen im Mittelpunkt jedes Familientreffens. Und natürlich wurden wir nach einer Weile jedes Mal gefragt, wann es bei uns soweit ist. Ich habe dann immer mit leichter Nervosität abgewartet, was sie sagt. Ich hätte mir ein glückliches Leben auch ohne Kinder vorstellen können. Aber ich wollte Stefanie nicht verlieren, und ich wollte sie erst recht nicht unglücklich machen. Wenn sie schwanger geworden wäre, hätte ich mich darüber gefreut, auch wenn das Geld nur knapp für drei gereicht hätte. Ich hatte keine Ahnung, dass der Staat überhaupt etwas zuschießt.

Bis Anfang 30 habe ich gebraucht, um mit meinem Beruf als kaufmännischer Angestellter eine Familie ernähren zu können. Als ich das Kinderthema mit 31 oder 32 Jahren ins Gespräch brachte, war Stefanie zuerst gar nicht mehr so begeistert davon. Ihr passte der Zeitpunkt nicht, weil ihr, sie ist Verwaltungsangestellte, gerade ein Aufstieg in Aussicht gestellt worden war. Sie wollte noch ein, zwei Jahre warten. Erst in der Zeit ist mir klar geworden, wie gern ich Kinder mit ihr hätte. Wir haben lange darüber diskutiert, ohne zu einer Einigung zu kommen. Es blieb dabei: Sie wollte noch nicht. Als die Fronten härter wurden, habe ich sogar mit Trennung gedroht, um auszudrücken, wie ernst es mir war. Ohne Erfolg. Ich habe mich trotzdem nicht getrennt. Stefanie war meine Traumfrau. Von Anfang an. Aber ich war in der Zwickmühle. Und dann ist mir ein paar Wochen später der Zufall zu Hilfe gekommen. Aus ihrem Aufstieg wurde nichts. In unserem Sommerurlaub in Südfrankreich hat sie spontan die Pille abgesetzt. Bis es geklappt hat, mussten wir fast ein drei viertel Jahr warten. Dadurch hatten wir genug Zeit, uns alles noch einmal in Ruhe durch den Kopf gehen zu lassen und uns auf ein Kind einzustellen. Unser Sohn hat unser Leben verändert. Ich hätte nie gedacht, wie viel Kraft es mir gibt, Vater zu sein. Ich fühle mich seitdem stärker und erwachsener, eher wie ein Beschützer, der mitten im Leben steht. Wir denken jetzt über das zweite Kind nach.«

Harald schneidet einen wichtigen Punkt beim männlichen Kinderwunsch an, der auch bei Hendrik eine Rolle spielte. Dass Männer in bestimmten Phasen ihres Lebens keine Lust auf Kinder haben, liegt neben vielen anderen Ursachen vor allem daran, dass das Arbeitsleben mehr Risiken birgt als früher. Die Soziologen sind sich jedenfalls sicher, dass die modernen Männer von heute alle mehr oder weniger in der Krise stecken.

Die männliche Überlegenheit von einst wurzelte in ihrer Muskelkraft, ihrem Mut und ihrem Wissen. Heute ist die körperliche Überlegenheit der Männer durch den technischen Fortschritt zur überflüssigen Ressource geworden. Ihren Mut können sie nur noch beim Aktienkauf oder hinterm Steuer beweisen. Und ihr Wissen ist auch nicht mehr das, was es einst war, als die Juristen, Klempner und Ärzte noch über geheime Informationsquellen zu verfügen schienen. Niemand ist heute mehr ein richtiger Experte. Und niemand kann mehr von sich sagen, dass er weiß, wo es in Zukunft langgehen wird. Der neue Mann hetzt auch nur noch selten seine Sekretärin durchs Diktat. Er sitzt heute selbst gebeutelt am PC und muss Kunden, Vorgesetzte und Kollegen mit Argumenten, Einfühlungsvermögen, Höflichkeit und Intelligenz überzeugen. Doch auch ein taktisch kluges, engagiertes Verhalten sichert keinen Arbeitsplatz mehr. Überall wird Personal abgebaut. In einem globalen Konzern werden die Manager heute schneller gefeuert, als neue Computer angeschafft werden. Ein Mann, der nach dem Studium mit Ende 20 in den Job einsteigt, steht mit Mitte 30 nicht selten wieder auf der Straße. Ab Mitte 40 wird es richtig eng. In dem Alter hat selbst ein gut ausgebildeter Mann kaum noch Chancen auf einen neuen Job, wenn er seinen verloren hat, und der Sprung in die Selbständigkeit ist auch nicht immer die rettende Lösung, seit ein Drittel der Existenzgründer schon nach einem Jahr zu scheitern pflegt.

Wenn ein Familienvater abends nach Hause kommt,

geht es erst richtig los, behaupten die Soziologen. Lauter Forderungen stürmen auf den Mann ein, die gegen seine Natur gerichtet sind, weil sie einen ständigen Balanceakt erfordern. Er soll stark sein, aber kein Macho. Sensibel, aber kein Weichei. Sinnlich, aber kein Sexprotz. Er soll reden, aber nicht dozieren. Er soll zuhören und nicht nur so tun als ob. Er soll sich am Hausputz beteiligen, sich kompetent und liebevoll um die Kinder kümmern und bei allem Hin und Her noch die Hosen anhaben. Der neue Mann ist müde. Und er ist nicht grundlos müde geworden. Aufgerieben zwischen den Ansprüchen im Job und in der Familie. Was bleibt ihm da noch, um sein eingeknicktes männliches Selbstbewusstsein wieder aufzupolieren? Der Griff zur Flasche, die Muckibude, das Wadenimplantat. Statistiken geben solchen Vermutungen Recht. Es sind die Männer, die Suchtkliniken und Gefängnisse füllen. Deutlich mehr Männer als Frauen flüchten sich in den Selbstmord. Männer sterben sechs Jahre früher als Frauen, sie werden häufiger krank, weil ihr Immunsystem schwächer ist, und sie leiden inzwischen auch darunter, wenn ihre Bäuche zu dick sind. Zu viel Mitleid mit der Spezies Mann ist trotzdem nicht angebracht. Zum einen trifft uns Frauen die Unsicherheit in der Arbeitswelt genauso, wenn nicht härter. Und zum anderen geht es den Männern immer noch besser als uns, wenn es ums Geld geht.

Welches berufliche Modell wünschen sich die deutschen Männer, wenn das Kind unter drei beziehungsweise unter sechs ist?
(Angaben in Prozent)

	Unter 3	*Unter 6*
Beide Vollzeit	3,5	6,7
Er Vollzeit – Sie Teilzeit	17,9	34,4
Einer Teilzeit, nicht entschieden, wer	8,7	16,3
Frau nicht berufstätig	53,4	32,4
Mann nicht berufstätig	0,3	0,3
Einer nicht berufstätig, nicht entschieden, wer	14,2	7,7

Quelle: Familiensurvey III, Auszug zusammengestellt von Jan H. Marbach

Dass an dieser krisenhaften Stimmung etwas dran ist, zeigte sich auch während meiner Recherchen. Ich habe die Erfahrung gemacht, dass die Männer in Deutschland ungern über Kitaplätze sprechen. Fast so, als würde sie das Thema nichts angehen oder sogar peinlich berühren. Ihre Väter haben es fast alle noch geschafft, ihre Familie allein zu ernähren. Sie brauchten keine Kitaplätze. Schämen sich die Männer dafür, dass sie ihre Familie heute nicht mehr allein versorgen? Vielleicht ist das einer der Gründe, warum ausgerechnet die verkappten Macholänder Österreich, Italien, Spanien und Deutschland ein Kinderbetreuungsangebot haben, das dem Standard von Entwicklungsländern entspricht. Jedes Geschlecht reagiert in seiner Kultur mit seinen Strategien auf die Strategien des anderen. Was dabei herauskommt, ist das ganz normale Chaos unseres Beziehungsalltags.

Die meisten Männer haben ein tief verankertes Bedürfnis, eigene Kinder zu haben. Nur jeder vierte bis fünfte Mann wünscht sich nach den Erhebungen des Familiensurveys keine. Je jünger sie sind, desto selbstverständlicher wollen sie Kinder. Je älter ein kinderloser Mann ist, desto größer ist die Wahrscheinlichkeit, dass sich sein Kinderwunsch schon davongeschlichen hat.

»Ja, ich möchte irgendwann ein Kind!« Das sagen die Kinderlosen:
(Angaben in Prozent)

	Männer	*Frauen*
bis 25	94,4	92,9
26 – 30	91,4	87,0
31 – 35	78,2	75,8
36 – 40	39,1	24,2
41 – 45	14,0	14,8
46 – 50	7,0	
51 – 60	5,0	

Quelle: Familiensurvey

Dass einige Männer unter einem unerfüllten Kinderwunsch leiden und dies als ausgeprägte Bedrohung des Selbstwertgefühls und tiefe Kränkung empfinden, berichten Tewes Wischmann und Heike Stammer aus ihren Erfahrungen in der therapeutischen Praxis. Der männliche Wunsch nach Kindern ist allerdings nicht so stark ausgeprägt wie der der Frauen, den wir als »wesentlicher« erleben. Das belegen zahlreiche Studien. Begründet wird dies mit biologischen, gesellschaftlichen und psychologischen Ursachen. Männer können nicht schwanger werden, sie können nicht stillen, und sie werden nicht alle vier Wochen daran erinnert, dass ihr Körper auch als Brutkasten zu gebrauchen ist. Der Erzeuger steht mehr oder weniger untätig daneben, während sich die Schwangere langsam immer mehr um die Taille polstert und dabei diese gewisse Aura aus Liebe, Gleichmut, Verletzlichkeit und Stärke gewinnt. Die Schwangerschaft krempelt die zukünftige Mutter dermaßen um, dass selbst ihre alten Freundinnen sie kaum wieder erkennen. Die Frau nimmt früher Kontakt zu dem Kind in ihrem Bauch auf und lernt schon während der Schwangerschaft seinen Rhythmus und sein Temperament kennen. Männer können in dieser Phase selbstverständlich heftige Vorfreude und schlimmste Krisen erleben, aber die Frauen machen einfach intensivere Erfahrungen mit Schwangerschaft und Geburt. Deshalb freuen sie sich auch mehr darauf. Und deshalb fürchten sie sich stärker davor. Erst wenn die Schwangerschaft ins letzte Drittel geht, werden die meisten angehenden Väter euphorisch.

Dass der weibliche Kinderwunsch stärker ist, wird auch daran deutlich, dass Frauen sich eher über ungeplante Kinder freuen. In einer gemeinsamen Studie des Instituts für Psychologie der Universität München und des Staatsinstituts für Familienforschung an der Universität Bamberg wurden frisch verheiratete Paare gefragt, wie sie reagieren würden, wenn die Frau jetzt schwanger werden sollte. Von denen, die keine Kinder wollten, wäre niemand glücklich darüber, aber 40 Prozent der Frauen sagten, das käme jetzt zwar ungelegen, doch sie würden sich damit arrangieren. Obwohl die Frauen durch die Ankunft eines Babys mehr Einschränkungen hinnehmen müssen als die Männer, waren die Frauen viel eher bereit, ungeplante Kinder zu akzeptieren. Das zeigt: Männer entscheiden sich in der jeweiligen Lebenssituation für ein Ja oder für ein Nein. Frauen können sich flexibler umentscheiden. Das sollte jede Frau wissen, die die Verhütungsmittel auf eigene Faust weglässt. Männer fühlen sich leicht überrumpelt und reingelegt, wenn sie mit einem »Überraschungsbaby« konfrontiert werden.

Die Männer arbeiten vielleicht auch deshalb nicht so zielstrebig auf die Erfüllung ihres Kinderwunsches hin, weil sie sich etwas mehr Zeit lassen können. Er steht biologisch nicht so stark unter Druck wie eine gleichaltrige Frau, wenngleich nicht nur sein Kinderwunsch, sondern auch seine Zeugungsfähigkeit ab 35 allmählich nachlässt. 2001 waren immerhin noch 0,1 Prozent der frisch gebackenen Väter 60 Jahre. Und 47 Männer waren sogar 70 und älter. Aber diese wenigen müssten wir mit der Lupe suchen. Und wohl kaum eine Frau möchte einen so alten Mann als Vater ihrer Kinder; das müsste schon jemand sehr Besonderes sein. Doch zumindest theoretisch gibt es für viele Männer diese Möglichkeit. »Ich war zu lange zu verträumt, dass ich mir einfach nicht zugetraut habe, selbst Vater zu sein«, schrieb mir ein Studienfreund. »Aber das ist auch wieder zu einfach ausgedrückt. Das Ganze ist ja immer vielschichtiger. Da ist auch die Partnerin, die ich liebe, die ich mir aber nicht als Mutter meiner Kinder vorstellen kann. Deshalb will ich zurzeit keine Kinder. Jetzt bin ich 44. Ich habe ja noch bis 70 Zeit, mir das in Ruhe zu überlegen.«

So alt waren die Väter der 2001 in Deutschland geborenen Babys:

20–22 Jahre	2,6 Prozent	32–34 Jahre	19,5 Prozent
23–25 Jahre	6,1 Prozent	35–37 Jahre	15,4 Prozent
26–28 Jahre	10,6 Prozent	38–40 Jahre	8,5 Prozent
29–31 Jahre	17,0 Prozent	41–43 Jahre	4,0 Prozent

Quelle: Eigene Berechnungen nach Zahlen des Statistischen Bundesamtes

Im Laufe der letzten beiden Jahrzehnte wurden weltweit unzählige Fragebögen an Frauen und Männer verteilt, um ihren Kinderwunsch auszuloten. Dabei wurde auch nach den Motiven für den Kinderwunsch gefragt. Wie schon angedeutet, verbinden Frauen mit einem eigenen Baby mehr sinnliche Erfahrung als die Männer, sie möchten etwas von sich weitergeben, ihrem Leben mehr Sinn geben, sich weiterentwickeln. Frauen freuen sich auf das Gefühl, gebraucht zu werden und darauf, einem kleinen Menschen den Weg ins Leben zu weisen. Sie freuen sich auf die Glücksmomente, auf das Gefühl, im Alter nicht allein zu sein. Viele Männer dagegen sagen, dass sie sich ein Kind wünschen, weil es der Beziehung gut tut. Also für die Frau? Um des lieben Friedens willen? Nicht ganz, wie wir auch schon bei Harald gesehen haben. Männer wünschen sich wesentlich eher ein Kind, wenn sie glauben, ihre Traumfrau gefunden zu haben. Aber mit solchen Antworten muss man vorsichtig sein. Sie behaupten das auch, wenn sie ihre Familie verlassen, um mit ihrer nächsten »Traumfrau« wieder das freie Leben ohne Verpflichtungen zu genießen, wie wir noch im Kapitel über die Theorie der Liebe sehen werden. Jede Beziehung ist anders. In jeder Beziehung stehen andere Wünsche und andere Zukunftspläne auf dem Programm.

Auch seine Erfahrungen spielen eine entscheidende Rolle. Welche Kindheitskonflikte schleppt er mit sich herum? Männer, die einen wenig liebevollen Vater gehabt haben, möchten anders sein als dieser. Wo gute Vatervorbilder fehlen, fehlt jedoch nicht selten auch der Weg in der Vorstellungskraft. Doch das sind Themen, die Männern nicht spontan einfallen, wenn sie gefragt werden, warum aus ihnen keine Väter geworden sind. Über ihre kindlichen Verletzungen sprechen sie nicht so bereitwillig. Es gibt leider keine umfassenden wissenschaftlichen Studien darüber, in welchem Maße die eigene Kindheit den Kinderwunsch der Männer beeinflusst. Erste Untersuchungen des Forscherteams Schumacher, Stöbel-Richter und Brähler sowie die Ergebnisse des dritten Familiensurveys zeigen, dass der männliche Kinderwunsch tatsächlich größer ist, wenn ein Mann ein liebevolles, tolerantes Elternhaus hatte, wenn beide Eltern noch leben und wenn er mit Geschwistern aufgewachsen ist. »Erfahrungen, die sich aus dem sozialen Status und der Zusammensetzung der Herkunftsfamilie ergeben, sind entgegen den Annahmen einer zunehmenden Individualisierung noch im Erwachsenenalter folgenreich für das eigene Verhalten«, hielt der Familiensurvey in seinen ersten Hauptresultaten als Tendenz unter den Männern fest.

Welche Frau also wissen möchte, ob der Mann an ihrer Seite in ein paar Jahren der geeignete Vater für das Kinderprojekt ist, sollte ihn direkt fragen. In der Kinderfrage entscheiden sich die Männer je nach der aktuellen Partnerin, nach der Lage im Beruf, nach ihrem Lebenskonzept. Überzeugte kinderlose Männer versprechen sich keine positiven Erlebnisse mit eigenen Kindern, sie möchten die Freiheiten genießen, die ohne Kinder möglich sind. Trotzdem kann es sein, dass sich ein überzeugter kinderloser Mann mit 40 noch einmal umentscheidet, mit der nächsten Frau, mit dem Karriereschub im Job.

Wenn Männer Väter werden

> Es gab Momente, da dachte ich, warum haben wir uns das nur angetan?
>
> *Ludger, 36, eine Tochter*

Man braucht kein Wort mehr darüber zu verlieren, dass unser Traumpartner den Kinderwagen genauso selbstverständlich durch den Park lenkt wie ein Auto durch den Berufsverkehr. Es gibt auch keine zwei Meinungen mehr darüber, dass er sich Zeit für seine Kinder nimmt. Der zeitgemäße Traumvater weiß aus eigenem Erleben, wie groß der weibliche Bammel vor der Geburt in Wahrheit ist und wie mächtig Zahnen wehtun kann. Er weiß, wie er das Programm für den ökofreundlichen Buntwaschgang startet und wo Pampers New Baby am billigsten sind. Dreierkonstellationen sind bekanntlich immer problematisch. Das weiß jeder, der selbst einmal in einer gesteckt hat. Einer fühlt sich immer ausgeschlossen. In der Konstellation Mutter, Vater, Baby ist das der Vater. Das liegt in der Natur der Sache, wie wir gleich noch sehen werden. Und das kurbelt die männliche Sehnsucht nach Liebesbeweisen an. Der neue Traumvater drängelt und quengelt trotzdem nicht. Er zeigt souverän Geduld, atmet tief durch und sorgt mit seiner

Aufmerksamkeit dafür, dass ihm Mutter und Kind nicht verloren gehen.

Wie sehr sich das Leben nach der Geburt des Kindes verändert, erlebten auch Jörn und Tanja, das Paar mit den getrennten Wohnungen:

»Als die kritische Zeit am Anfang der Schwangerschaft vorbei war, schwebte ich wie auf Wolken. Tanja war mir noch nie so nahe gewesen. Ich war stolz auf uns beide, auf unseren Humor, unsere Verbundenheit, unsere Beziehung, wenn wir zusammen Babysachen einkauften, während andere Paare aussahen, als würden sie sich gegenseitig das Leben schwer machen. Im siebten Monat haben wir geheiratet. Ich wollte Tanja rechtlich absichern, und wir wollten meine Rechte als Vater sichern, falls etwas passiert. Die Geburt war der Wahnsinn. Ich war völlig aufgelöst vor Angst, dass ihr etwas passieren könnte. Und als das Kind dann da war, habe ich vor Freude geheult, obwohl ich die Tränen im Kreissaal immer für ein Gerücht gehalten hatte. Tanja sagt, es war ein magischer Moment. Das klingt mir zu esoterisch. Aber es war das eindrucksvollste Erlebnis meines Lebens.

Nach der Geburt ging es mit der Stimmung erst mal nach unten. Tanja musste ihre Prüfung machen, sie war ständig angespannt und hatte das Gefühl, dass sie sich zerreißen müsste, während ich mich in ihren Augen wie ein Macker aufführte. Ich lief ständig mit einem schlechten Gewissen herum, aber mein neuer Job war anstrengender, als ich gedacht hatte. Zum Glück konnte ich wenigstens bei ihr wohnen, weil ich in Hamburg arbeitete. Trotz der Umstände war ich natürlich einverstanden, Melissa nachts zu versorgen, damit Tanja in Ruhe schlafen konnte. Aber sobald ich mich aus dem Bett geschält hatte, war Tanja schon an mir vorbeigeschossen. Die Arbeitsteilung funktionierte nicht. Melissa wollte lieber von ihr versorgt werden, und Tanja wollte Melissa versorgen. Ich war zwar ständig bemüht, aber ich kam nicht zum Zug und wurde dauernd angemeckert, dass ich dies und das noch hätte machen müssen.«

Im Rückblick sagt Jörn, dass er eigentlich immer am Ende seiner Kräfte war. Vor Müdigkeit. Vor Stress. Nach einem Jahr war die Krise aber überstanden. Melissa schlief durch. Der Stress hatte sich gelegt, und die eingekehrte Routine machte das Leben wieder leichter.

Unter den Frauen geht in der Entscheidungsphase vor dem ersten Kind die Sorge um, dass sich die Beziehung verschlechtert, sobald ein Kind da ist. Ganz grundlos ist diese Sorge nicht. So magisch die Momente mit dem Baby auch sind, so schockiert sind viele frisch gebackenen Eltern über das, was an Verpflichtungen auf sie zukommt. Schlaf bekommen beide nur noch selten. Und die eigenen Wünsche gehen sofort mit denen des Babys auf Kollisionskurs. Ein Baby ist ja bekanntlich das perfekte Beispiel einer Minderheitsregierung. Kinder kann man nicht in die Ecke packen. Man kann sie nicht allein lassen. Und sie brauchen so enorm viel. Die Abhängigkeit der Eltern voneinander ist in den ersten Monaten nicht selten total. Die gemeinsame Zeit wird knapp. Alles muss abgesprochen und ausgehandelt werden. Da geht vieles an Liebe im Alltag unter, was vorher selbstverständlich war.

Der Vater, der sich vor der Verantwortung ins Büro flüchtet, macht das nicht nur aus rein egoistischen Motiven. Er ist unter dem Druck unserer Verhältnisse mit großer Wahrscheinlichkeit zum Alleinverdiener geworden, und er wird das die nächsten Jahre auch nicht selten bleiben. Das ist in der modernen Berufswelt kein beruhigender Gedanke. Die Vaterrolle beinhaltet auch jede Menge neuer, sinnlicher Erfahrungen, aber das betrifft vor allem seine Freizeit mit der Familie. Was den Beruf anbelangt, ändert das Kind wenig an seinem Leben, auch wenn es vielen Vätern in guten Zeiten im Beruf mehr Halt und mehr Kraft gibt, wenn die eigene Arbeit und das Geldverdienen durch ein Kind mehr Sinn bekommen. Sieht es im Beruf nicht so gut aus, steigt der Druck. Die meisten Väter möchten mehr Zeit mit ihrem Nachwuchs verbringen. Sie hoffen vorher, dass sie weniger arbeiten werden. Die Realität sieht leider anders aus, wie wir wegen des Betreuungsnotstandes schon ahnen können. Die meisten Männer arbeiten mehr, wenn das Kind da ist, um mehr Geld für die Familie zu verdienen. Auch wenn sie selbst es immer häufiger gern anders hätten.

Der Karriereabbruch eines frisch gebackenen Vaters wird selbst im neuen Jahrtausend in unserem Land mit Naserümpfen bedacht. Die meisten werdenden Mütter würden es jedenfalls nicht begrüßen, wenn der Vater ihrer Kinder seinen Job hinschmeißt, das ergab eine Studie des Staatsinstituts für Frühpädagogik in München. Die Forscher Wassilios Fthenakis und Beate Minsel wollten unter anderem die Rolle des modernen Vaters in Bezug auf das erste Kind genauer untersuchen. Die befragten Männer waren zwischen 22 und 41 Jahre alt, ihre Partnerinnen zwischen 17 und 54 Jahre. Zwei Vaterschaftskonzepte zeichneten sich ab, und sie zeigen, dass sich die Praxis dem Ideal des neuen Vaters nähert. Der moderne Vater möchte sich intensiv um seine Kinder kümmern, er möchte sie auch gleichberechtigt mit erziehen.

Die Forscher fanden heraus, dass eine glückliche Partnerschaft einen sorgenfreien Start in die Schwangerschaft ermöglicht, weil die zufriedenen Paare der Geburt wesentlich gelassener entgegensehen. Möchte das Paar nach der Geburt die Aufgaben teilen, wird das im ersten Drittel der Schwangerschaft als Erleichterung empfunden. Die Frauen wissen, dass sie später nicht mit allem im Haus allein zurechtkommen müssen, und den modernen Vätern machen solche Aufgaben keine Angst mehr. Sie freuen sich auf die neuen Herausforderungen. Die Anhänger der traditionellen Rollenverteilung stehen dagegen während der Schwangerschaft mehr unter Druck, weil beide später auf sich allein gestellt sein werden: sie im Haushalt, er in der Rolle als Ernährer der Familie. Im letzten Drittel der Schwangerschaft geht es den beiden Vatertypen dann wieder nahezu gleich gut. Die meisten werdenden Eltern freuen sich auf ihr Kind. Und diese Freude nimmt während der Schwangerschaft immer weiter zu. Diese Zeit ist für viele Paare die glücklichste, die sie jemals gemeinsam erlebt haben. Kinderlose Paare erreichen das Glücksniveau, das werdende Eltern erreichen, nur selten. Sie geraten aber auch nicht in die Tiefen, die auf die meisten Paare zukommen, sobald das Baby da ist.

Nach der Geburt beginnt eine Phase der Neuorientierung, ein neuer Alltag kehrt ein, die Spielregeln in der Beziehung werden neu verhandelt, die Weichen im Beruf neu gestellt. Wenn das Paar die auftretenden Probleme lösen kann und die Partnerschaft glücklich bleibt, sind die Väter ihrem Konzept zumindest halbwegs treu und betätigen sich tatsächlich als »Erzieher«. Der Stoppuhrvergleich zeigt jedoch, dass sie statistisch gesehen mit den kleinen Kindern gerade einmal halb so viel Zeit verbringen wie die Frauen. Und noch weniger beteiligen sie sich am Kochen, Putzen, Waschen, Einkaufen, also an den Aufgaben, die nicht direkt mit dem Kind zu tun haben. Nach der Einschulung sinkt die väterliche Mitarbeit gar auf schlappe neun Prozent. Bei kinderlosen Paaren steht es um die Aufgabenteilung im Haushalt allerdings nicht besser.

Schafft ein Paar es nicht, die Beziehung den neuen Umständen anzupassen, und wird die Partnerschaft unglücklicher, verändert sich das Vaterschaftskonzept immer mehr in Richtung »Ernährer«. Damit ändern sich auch die Ziele, und die Karriere tritt für die Männer wieder in den Vordergrund. Väter, die sich nur als Geldverdiener sehen, meckern meist wesentlich mehr als Väter, die sich auch als Erzieher betätigen. Da ist Streit vorprogrammiert. Was hilft? Kommunikation! Wer sich um Austausch bemüht, holt ihn in den Ring zurück. Wer deutlich die eigenen Bedürfnisse äußert und die Wünsche des anderen aufmerksam anhört, schafft es, dass sich das Paar wieder in Wünschen und Zielen annähert. Das Ergebnis ist: Das Streitniveau sinkt. Das Glück kehrt zurück.

Ein Paar, dem es gelingt, die kritische Zeit nach der Geburt zu überwinden, wenn die erste Euphorie verfliegt und der Alltag einen einholt, hat meist die wichtigste Hürde genommen. Schaffen es die beiden, zwischen Windelnwechseln, durchwachten Nächten, fliegenden Kindesübergaben, der Erstellung von Putz- und Einkaufslisten, der Lektüre unzähliger Ratgeber, den Terminen beim Kinderarzt und beim Babyschwimmen nicht zum Betreuungsteam zu verkommen, sondern ein Liebespaar zu bleiben, lösen sich viele andere Probleme von allein. Manchmal kann ein guter Babysitter für eine junge Familie und damit auch für das Kind wichtiger sein als das perfekt eingerichtete Kinderzimmer, die lückenlose Vollwerternährung oder der Besuch jeder Krabbel- und Massagegruppe.

Warum stehlen sich dennoch die Männer am Ende häufiger aus der elterlichen Verantwortung als die Frauen? Unter welchen Bedingungen kümmert sich ein Mann um seinen Nachwuchs? Die Mehrheit der Männer arbeitet mehr, wenn das Kind da ist, wie wir gesehen haben. Damit fängt es an. Es gibt jedoch noch einen anderen wichtigen Punkt, der häufig übersehen wird: Väter engagieren sich vor allem dann, wenn sie an den Nachwuchs rangelassen werden!

Viele kennen das aus Erfahrung: Es sind immer die Mütter, die als erste aufspringen, wenn das Baby weint. Die Anthropologen Jay Stallings und Carol Worthman von der Emory University wollten wissen, ob Männer tatsächlich weniger besorgt reagieren. Sie entdeckten, dass beim ersten Anzeichen echter Qual beide Eltern gleichzeitig aufschreckten. Fühlte sich das Baby dagegen nur unwohl, stieß es also keinen Hilferuf aus, sondern machte sich eher mit einem harmlosen Krähen bemerkbar, reagierten die Mütter deutlich schneller. Diese Programmierung soll uns angeboren sein. Bevor ein Baby mit seinem Weinen Feinde anlocken konnte, war die Mutter schon da. Der winzige Unterschied in der Reaktionsschnelligkeit führt dazu, dass Mütter ihren Männern nicht zutrauen, sich so liebevoll um das Baby zu kümmern wie sie selbst. Und so werden aus der Erfahrung die frühe Arbeitsteilung und die frühe Fixierung des Kindes auf seine Mutter.

Wenn eine Mutter den Vater mehr einbinden möchte, muss sie abgeben lernen. Diese Barriere zu überspringen lohnt sich. Die Anthropologin Sarah Blaffer Hrdy empfiehlt den Männern, ihre Partnerinnen gleich nach der Geburt mit Ohrstöpseln zu versorgen, damit sie ab und zu das unwiderstehliche Weinen ihrer Sprösslinge nicht hören können. Denn dann geht er nach dem Baby schauen, und dann funktioniert es wie bei den Springaffen. Die Weibchen dieser südamerikanischen Affenart stellen sich den Signalen ihrer Kinder gegenüber taub. Das Ergebnis: Springaffenbabys bevorzugen den Vater. So weit muss eine Menschenmutter nicht gehen, aber sie wird die Erfahrung machen, dass ihr Herz aufgeht, wenn ihr Mann mit seinen Kindern spielt und wenn die Kinder ihn lieben. Je besser ein Mann mit dem Kind vertraut ist, desto mehr kümmert er sich auch.

Eine weitere Voraussetzung, unter der sich ein männliches Wesen besonders in der Kinderfrage engagiert, lassen wir gern unter den Tisch fallen, weil sie uns unsympathisch ist: In der Regel engagiert er sich mehr, wenn er der leibliche Vater ist und wenn er sich dessen sicher sein kann. Heute reicht es aus, einen Schnuller oder eine Haarprobe zum Vaterschaftstest einzuschicken. Die Laboruntersuchung kostet zwischen 300 und 800 Euro, dauert drei Tage und ist angeblich zu 99,9 Prozent sicher. Selbstverständlich ist es für den Start ins Familienleben schöner und unbeschwerter, wenn solche Fragen gar nicht erst auftauchen.

Noch wichtiger als all diese Faktoren ist jedoch vielleicht ein anderer: Die Beziehung zu ihr muss stimmen! Je inniger die Partnerschaft, desto enger ist der Vater innerlich mit seinen kleinen Kindern verbunden. Wer einen Mann an seinen Nachwuchs binden will, sollte dem Flüchtenden nicht nur Ultraschallbilder hinterherschicken, sondern lieber ein Date vorschlagen.

Samenbänke – eine Notlösung?

> Sperma von einem fremden Mann? Igitt!
>
> *Birgit, 36, kein Kind*

Sobald das Stichwort Samenbank in einer Runde fällt, schlagen die emotionalen Wellen hoch. Vom Geldscheffeln mit dem Unglück kinderloser Paare ist die Rede, von hysterischen Frauen, die sich krankhaft auf ein Kind fixiert hätten, von Kindern, die an der Anonymität ihrer Wurzeln verzweifeln, von armen Teufeln, die ihr Erbgut verkaufen und von der Illusion der Frauen, dass nur Medizinstudenten die Spenderkarteien füllen würden. Die Akzeptanz von Samenbänken ist in den meisten Runden gering.

Stellen wir uns vor: Ein Traumpaar hat sich gefunden. Alles passt. Die Liebe ist groß, die Beziehung könnte nicht besser sein. Nur mit der ersehnten Schwangerschaft klappt es nicht. Wie schnell ist ein Jahr vorbei, in dem das Paar zwischen lauter Hoffnung und Enttäuschung mutlos geworden ist. Wenn der Arzt feststellt, dass es an ihm liegen muss, ist dann die Samenbank nicht doch eine Alternative? Man vergisst zu leicht, dass der Gang zur Samenbank eine lange Vorgeschichte hat, in der sich ein kinderloses Paar in die Vater- und Mutterrolle hineingeträumt hat. Jeder stellt sich auf seiner inneren Leinwand die Zukunft vor. Der gedeckte Familientisch im Garten. Der zärtliche Vater, der seine juchzende Tochter durch die Luft wirbelt, das kleine Mädchen, das sich Schutz suchend in den Arm der Mutter kuschelt. Wenn sich Träume zerschlagen, tut das weh.

»Ich würde keinem wildfremden Mann gestatten, in unsere Partnerschaft einzudringen«, so lautete ein Satz, der mir bei meiner Recherche häufig begegnet ist. Von 1000 Paaren, die eine fortpflanzungsmedizinische Behandlung begonnen hatten, konnten sich nur 70 vorstellen, zu einer Samenbank zu gehen. Doch wenn ein Paar sich an eine Samenbank wendet, ist das in gewisser Hinsicht auch ein Kompliment an den Partner. Immerhin heißt das: Du bist der Mann, mit dem ich mein Kind aufziehen möchte! Und du bist die Frau, der ich die Mutterschaft gönne, auch wenn ich nicht der leibliche Vater unseres Kindes sein kann. Früher gaben die Ärzte den Eltern mit auf den Weg, dass sie ihrem Kind die Wahrheit über ihre Herkunft verschweigen sollten. Doch die Erfahrungen haben gezeigt, dass Eltern und Kinder nur schwer mit dem »Familiengeheimnis« leben können. Früher oder später spürt das Kind, das etwas nicht stimmt. Mit der Pubertät ist der richtige Moment gekommen, den Schleier zu lüften. Das Kind kann in dem Alter mit der Wahrheit umgehen und sie verstehen. Auch wenn das nicht immer ganz leicht ist. »Untersuchungen über die familiäre Entwicklung nach heterologer Insemination kommen überwiegend zu dem Ergebnis, dass es keine großen psychologischen Auffälligkeiten gibt«, schreiben die Kinderwunsch-Experten Tewes Wischmann und Heike Stammer. »Samenbankkinder« entwickeln sich normal und unterscheiden sich nicht von ihren Altersgenossen.

Zu dem anrüchigen Charakter von Samenbänken kommen die juristischen Komplikationen hinzu. Der soziale Vater hat die besten Aussichten, im Falle einer Trennung die Vaterschaft anzufechten. Dass die Entscheidung für den Gang zur Samenbank Risiken birgt und Auseinandersetzungen verlangt, steht außer Frage. In Deutschland, Österreich und der Schweiz haben alle Kinder das Recht, den Namen ihres leiblichen Vaters zu erfahren, sobald sie volljährig sind. Da die Akten über die Samenspende aber nach zehn Jahren vernichtet werden dürfen, ist dieses Recht für die Betroffenen ein schlechter Witz, der höchstens noch für Juristen verständlich ist. In Australien liegen die Daten der Spenderväter inzwischen offen. Dennoch ist daraufhin das Geschäft mit dem Sperma auf dem Kontinent der Beuteltiere nicht gleich kollabiert, wie einige Experten es voraussagten. Zurzeit gerät auch hierzulande einiges in Bewegung. Wer mit dem Gedanken spielt, die Dienstleistungen einer Samenbank in Anspruch zu nehmen, könnte Glück haben, dass sich die Bedingungen schon in naher Zukunft verbessern.

Als ich an diesem Kapitel schrieb, war in Deutschland die eheliche Bindung Voraussetzung dafür, sich an eine Samenbank wenden zu dürfen. Wie so oft hinken die Paragrafen der gesellschaftlichen Entwicklung hinterher, und wie so oft lassen sie sich unterschiedlich auslegen: Anders als in Bayern wurden in Berlin auch eheähnliche Gemeinschaften von der Ärztekammer anerkannt. Entscheidender als ein Trauschein ist schließlich, ob die Menschen, die das Kind austragen, bindungsfähig, tolerant und geduldig sind. Allein stehende Frauen dürfen in Deutschland, Österreich und der Schweiz bisher keine Samenbanken nutzen – auch wenn viele Frauen ohne Partner glauben, dass dies im Ernstfall die allerletzte Möglichkeit sein könnte. Single-Frauen mit Kinderwunsch bleiben in der Bundesrepublik nur »Samenspenden auf natürlichem Weg«, wie sie dubiose Männer im Internet anbieten, oder ein One-Night-Stand während der fruchtbaren Tage. In Großbritannien hat im Sommer 2002 unter dem Namen »Man not included« die weltweit erste Samenbank nur für lesbische Paare geöffnet. Nach dem Start im Sommer 2002 waren innerhalb von zwei Tagen bereits 8000 Registrierungen eingegangen. 3000 lesbische Paare und man – man höre und staune – 5000 Samenspender hatten sich gemeldet. Das klingt fast so, als hätten auch die Männer nur auf diese Samenbank gewartet. Rund 200 Euro bringt eine Samenspende dem Samenspender heute. Gesucht wird nach den Spendern im Internet. Schnell verdientes Geld? Männliche Zeugungslust? Oder beides zusammen? Die Frage hat noch niemand geklärt. Geklärt ist nur, dass die Samenbank im Jahr 2003 der Presse ihr erstes Baby melden konnte.

Der Markt rund um die Ware »Wunschbaby« ist längst international geworden. Großbritannien, Belgien, die Niederlande sind beliebte Anlaufstationen für deutsche Frauen, die keinen Zugang zu Samenbanken im Inland haben. Noch großzügiger geht es in den USA zu. »Spitzensamen« aus dem Katalog sind dort auch Lesben zugänglich, mutterlose eingefrorene Embryos werden von allen möglichen Anbietern zur Adoption feilgeboten, Leihmütter – in vielen europäischen Ländern verboten – sind leicht zu kontaktieren. Nur das Einfrieren unbefruchteter Eier gelingt noch nicht. Das Wasser in der Eizelle sprengt beim Vereisen zu oft die Gewebewand. Im weltweiten Dschungel der Möglichkeiten zieht letztendlich nur die eigene Ethik die Grenzen. Unsere Träume sehen trotzdem anders aus.

Welche Beziehung führt zum Kind? Die Theorie der Liebe

> Ich muss mit Fabian keine Kinder zeugen, nur damit wir Verwandte haben, die uns lieben.
>
> *Katinka, 24, kein Kind*

Frauke, 46, Buchhändlerin aus Berlin, seit sechs Jahren geschieden, seit drei Jahren wieder verheiratet:
»Sie war aus einer anderen Abteilung in sein Team gewechselt. Anfangs tauchte ihr Name in seinen Erzählungen nur selten auf. ›Sie ist streng gläubig‹, erzählte er mir nach ihrem ersten gemeinsamen Arbeitstag. Ich wollte mit ihm darüber scherzen, ob sie einer dieser gruseligen Sekten angehöre. Aber er würgte mich ab. ›Sie ist katholisch.‹ In meiner Fantasie sah sie nicht attraktiv aus. Erst als er Monate später ganz nebenbei fallen ließ, wie eigenwillig er den Kontrast zwischen ihrer sexy Aufmachung und ihrer strengen Religiosität fand, hatte ich plötzlich ein ganz anderes Bild vor Augen. Irgendwann entdeckte ich abends einen roten Lippenstiftrand auf seinem Hemd. ›Keine Ahnung, von wem der ist‹, spielte er die Sache herunter. ›Wir geben uns ja alle zur Begrüßung und zum Abschied mal ein Küsschen auf die Wange.‹ Sein Gesichtsausdruck machte mich stutzig, aber wir waren seit acht Jahren

zusammen und uns absolut treu. Jedenfalls dachte ich das.

Ein paar Tage später kam er nach Büroschluss nicht nach Hause. Sein Handy war abgeschaltet. Ich tigerte verzweifelt durch die Wohnung. Intuitiv wusste ich, dass er bei ihr war. Danach ging alles sehr schnell. Seine Beichte. Die Trennung. Der Auszug. Er wollte nur weg. Ich wollte ihn halten, aber er ließ mich nicht mehr an sich ran. Er saß mir zwar noch drei- oder viermal brav in einem Café gegenüber, damit ich mich aussprechen konnte. Aber das machte meine Ohnmacht und meine Verzweiflung nur noch schlimmer. Thomas war der Mann gewesen, mit dem ich alt werden wollte. Wir hatten alles geteilt. Und plötzlich war der wichtigste Mensch in meinem Leben unerreichbar geworden. Ich litt wie ein Tier. Selbst die Bücher, die mir immer über alles hinweggeholfen hatten, vermochten es diesmal nicht. Keine erfundene Geschichte interessierte mich mehr. Meine Freunde, die unsere gemeinsamen Freunde geworden waren, trösteten mich. Aber sie wirkten alle seltsam distanziert. Später erfuhr ich, dass sie mich vor der Wahrheit schützen wollten. Thomas war glücklich wie nie. Er blühte auf. Und mir ging es so dreckig. Ich wollte hören, dass er mich vermisste. Deshalb erzählten sie mir lieber gar nichts.

Dann sah ich die beiden das erste Mal zufällig auf der Straße, während ich im Auto an der Ampel stand. Er hatte einen Arm um sie geschlungen. Beide strahlten. Sie trug eine Jeans und ein kurzes Shirt, das den Bauch frei ließ. Der Bauch war schon kugelrund und wölbte sich über den Bund. In dem Moment klopfte mein Herz wie verrückt. War sie schwanger? Hatte er mich deshalb so Knall auf Fall verlassen? Thomas wollte keine Kinder, und seinetwegen hatte ich darauf verzichtet. Wegen der Umwelt. Weil es schon zu viele Menschen auf unserem Planeten gibt. Weil Eltern ihre Kinder ja doch nur mit ihren eigenen Träumen und Defiziten verbiegen – wie Thomas fand. Das Leben mit ihm war auch ohne Kinder schön gewesen. Wir waren viel gereist, ins Theater gegangen, ins Kino und Museum. Außerdem waren wir begeisterte Leser. Zeitungen, Zeitschriften, Bücher, alles, was uns unter die Finger kam, verschlangen wir und redeten darüber. Doch in dem Augenblick fühlte ich mich um alles betrogen – um die wahre Liebe, um ein eigenes Baby, um mein Glück! Die andere hatte jetzt alles. Ich hatte nichts. War ich nicht mutig genug gewesen? Hätte ich hinter seinem Rücken die Pille absetzen müssen? Hatte er sich heimlich nach einem Kind gesehnt?

Es war wie verhext. Ich sah sie immer wieder. Immer verliebt. Und später natürlich immer mit ihrem Baby. Mit Windelpaketen, mit Kinderwagen. Manchmal sahen sie glücklich aus, manchmal gestresst. Aber sie waren immer aufeinander fixiert. Meine Freunde wurden offener: Thomas ging in der Vaterrolle auf. Er stand mit Schürze am Herd und redete pausenlos vom zweiten Kind. Es tat weh, das zu hören. Es tat weh, dass er mich nicht vermisste und ich mich ohne ihn so verloren in der Welt fühlte. ›Ich kann mir nicht vorstellen, dass er mit einer streng katholischen Frau auf Dauer glücklich ist‹, warf ich meine einzige Trumpfkarte ins Spiel. ›Streng katholisch? Wie kommst du denn darauf?‹ Was hatte er mir nur für einen Blödsinn erzählt? ›Sie hat ihre Werte, ihren Glauben, aber zeitgemäß, so wie wir alle glauben, dass es da noch etwas anderes gibt.‹

In der Zeit wollte ich unbedingt ein Kind. Ganz egal von wem. Ich ließ mich zum ersten Mal in meinem Leben auf einen One-Night-Stand ein, dann auf noch einen, weil ich schwanger werden wollte. Aber es klappte nicht. Da gab ich es auf.

Ich war 41, als ich zwei Jahre später Stefan kennen lernte. Schon im folgenden Jahr war ich schwanger. Heute bin ich Mutter von zwei Kindern. Es ist ein Glück, dass Stefan der Vater meiner Kinder ist, denn er ist viel lockerer in allem als Thomas. Mit Stefan habe ich mehr Spaß und weniger Druck. Und er ist der beste Vater, den ich mir wünschen kann. Vielleicht, weil wir beide dankbar sind, im letzten Moment die Kurve gekriegt zu haben. Im Nachhinein war es genau der richtige Zeitpunkt, um Kinder zu bekommen, auch wenn wir bei meiner zweiten Schwangerschaft nach zehn Wochen eine Fehlgeburt zu überstehen hatten. Erst bei einem weiteren Anlauf hat es mit dem zweiten Kind geklappt. Ich genieße die Zeit mit den Kindern ganz bewusst. Ich brauche ja auch keine Angst zu haben, etwas zu verpassen.

Thomas habe ich seitdem ein paar Mal bei Freunden

wiedergesehen. Für ihn ist es bei dem einen Kind geblieben. Ob er glücklich ist, weiß ich nicht. Er kommt oft allein, aber er schwärmt jedes Mal von seiner Tochter. Es tut nicht mehr weh. Seltsam ist nur: Er ist mir so fremd, als hätte ich ihn nie wirklich gekannt. Verrückt, dass ausgerechnet er mir beinahe den Weg in die Mutterschaft verbaut hätte.«

Petra, 45, Unternehmerin aus Hamburg:
»Als ich meinen Ex das erste Mal mit dem Buggy über den Jungfernstieg schieben sah, trank ich hinterher eine ganze Flasche Wodka aus. In meinem Kopf hat es in dem Moment richtig Klick gemacht. Ich wusste, dass ich eine kinderlose Frau bleiben würde. Das war ein völlig neuer Gedanke für mich!

Wir waren zweiundzwanzig Jahre ein Paar gewesen. Er wollte kein Kind. Anfangs, weil er seine Freiheit noch genießen wollte, später, weil er als Fotograf in den letzten Jahren immer weniger Aufträge bekam. Mit 41 Jahren verlor ich meinen Job und machte mich selbständig. Danach war ich nur noch im Stress, denn es lief sofort gut. An einen gemeinsamen Urlaub war nicht mehr zu denken. An freie Wochenenden und an einen geregelten Feierabend auch nicht. Sex hatten wir so gut wie nie, ich brauchte das nicht. Ich fühlte mich auch so begehrenswert und geliebt. Das hat unsere Beziehung nicht überstanden. Er war es, der Schluss machte. Sein Leben war ihm mit 51 zu kostbar, um es mit Warten auf mich zu vergeuden.

Inzwischen habe ich die Krise hinter mir. Ich saß mit einer guten Freundin einen Vormittag lang neben ihrer vierjährigen Tochter in der Sandkiste und redete und heulte die ganze Zeit. Ich habe damals gemerkt, dass ich nie große Lust hatte, mit einem Kind zu spielen. Ich mag Kinder. Jedenfalls einige von ihnen. Aber ich mag sie nicht lange um mich haben, wenn sie noch klein sind. Ich bin kein Familienmensch. Ich besuche meine Eltern nur ganz selten, und meine Geschwister sehe ich kaum. Ich war die Jüngste. Um mich haben sich alle gekümmert. Ich weiß deshalb nicht, wie es ist, jemanden zu versorgen und Verantwortung zu übernehmen. Ich bin ein Beziehungstier und ein Workaholic. Das ist keine leichte Kombination, um glücklich zu werden. Zurzeit sehne ich mich nach einer Beziehung. Aber ich bin gelassen, ich komme auch allein sehr gut zurecht.«

Warum wollte er mit mir kein Kind, aber mit ihr? Das ist die Frage, die wir uns stellen, wenn der Ex überraschend Vater wird. Und manchmal stellen wir uns diese Frage auch, wenn der Ex in unserem Leben gar nicht so wichtig war. Was treibt uns um? Verletzter Stolz? Gebärneid? Das Gefühl, weniger geliebt worden zu sein? Um die Frage nach dem Ex zu beantworten, müssen wir etwas ausholen und zum Anfang der Beziehung zurückkehren. Zu dem Moment, wo wir uns total in ihn verknallt hatten.

Die Liebe hat ihre eigenen Gesetze. Eines davon ist,

dass sie leider nicht so berechenbar ist, wie wir sie gern hätten. Wir verknallen uns nicht gezielt und mit klarem Kopf in einen Mann, der dieselben Pläne hat wie wir. Wir verknallen uns und überlegen uns später die Argumente dafür. Liebe, Eifersucht, Angst, Trauer, Hass, Neid, Gier sind die Stoffe aus denen antike Tragödien gemacht sind, und es sind bis heute die Emotionen, die unser Handeln antreiben. Unsere Gefühle sind der Motor unseres Handelns. Und da beginnt auch das eigentliche Drama unserer Beziehungsopern. Wie wir uns selbst erfahren und wie wir uns anderen gegenüber präsentieren, zeigt nur die äußere Schale unserer Persönlichkeit. Deshalb ist es auch manchmal kaum zu glauben, wo die Liebe hinfällt. Nicht nur für die Beobachter, auch für die Akteure selbst. Aber so zufällig und so kopflos die Liebe auch auf den ersten Blick erscheinen mag, so wenig planlos funktioniert sie tatsächlich.

Wir sind von der Natur nicht mit Instinkten ausgestattet worden, die uns den Weg zum perfekten, unkomplizierten Partner weisen können. Unsere Persönlichkeit baut sich aus unseren Erfahrungen auf, die in Form von Emotionen in unserem limbischen System gespeichert sind. Unsere ersten Erfahrungen bilden mit unseren ererbten Anlagen den Kern unseres Ichs, um den sich alle späteren Erfahrungen wie zweitrangige Jahresringe legen. Diese frühen Schichten bestimmen, in welche Richtung sich unsere Persönlichkeit weiter entwickelt. Das Leben ist wie ein dünner Faden, der immer dicker wird und dadurch immer weniger flexibel. Unsere ganze psychische Welt besteht aus diesen geronnenen Erfahrungen und den damit verknüpften Gefühlen. Das Gute daran ist: In ähnlichen Situationen werden immer dieselben Gefühle ausgeschüttet. Wir lernen uns deshalb im Laufe der Jahre immer besser kennen. Die Kehrseite ist, dass wir unseren Gefühlen nicht blind vertrauen können. Sie neigen dazu, Situationen zu verallgemeinern und sich mit Vorurteilen zufrieden zu geben. Eine schlechte Erfahrung mit einem Bartträger in der Kindheit reicht manchmal ein Leben lang aus, um alle Bärte als bedrohlich zu empfinden. Eine gute Erfahrung kann uns dazu verführen, alle Männer mit ähnlich gewachsenen Vollbärten auf Anhieb süß zu finden. Wenn wir Glück haben, ist der Kerl tatsächlich sympathisch. Aber oft sind wir naiv und erkennen zu spät den Schuft hinter den Fransen.

Wir können mit unseren Gefühlen nicht zuverlässig in die Zukunft sehen. Das kann nur unser Verstand. Zumindest hat er die Fähigkeit, sich dieser Frage theoretisch zu nähern. Wir können uns jederzeit sagen, dass es unter den Bartträgern gute und schlechte Menschen gibt, und wir können beschließen, ihnen fortan objektiv entgegenzutreten, aber unsere Gefühle dazu bleiben dieselben wie vorher. Wir können nicht so leicht aus unserer Haut heraus. Erst neue Erfahrungen mit Bärten werden etwas daran ändern. Dabei ist es unwichtig, ob diese Erfahrungen angelesen sind, über einen Spielfilm wirken oder uns persönlich widerfahren. Unsere Gefühle sind Kraftquelle und Zwangsjacke zugleich. Das gilt in allen Lebensbereichen. Aber auf keinem Gebiet spürt man dies so schmerzlich wie in der Liebe.

Stellen wir uns ein Baby vor. Wie abhängig ist so ein verletzlicher Winzling von den Menschen, die es versorgen? Wie groß ist sein Glück, sich sicher, warm und geborgen zu fühlen? Wie wichtig ist der Körperkontakt in den ersten Wochen? Wie elementar die Milch? Wie entscheidend der Klang der vertrauten Stimme? Wie groß die Angst, wenn niemand auf sein Schreien reagiert? Es gehört nicht viel Fantasie dazu, sich vorzustellen, wie tief uns allen unsere erste Liebe unter die Haut gegangen sein muss, selbst wenn wir die Inbrunst dieser ersten Liebesgefühle längst vergessen oder verdrängt haben. Die Lust auf Verschmelzung hat ihren Ursprung in den ozeanischen Erfahrungen im Mutterleib. Aus der Erfahrung mit der Geburt stammt auch die Angst, dass solche Sehnsucht übel enden kann. Die Furcht vor der Vertreibung aus dem Paradies ist eine zutiefst menschliche Erfahrung, die uns allen in den Knochen steckt, wenn wir uns jemandem anvertrauen.

Es scheint, dass sich unser emotionales Gedächtnis genau den Menschen aus der Menge herauspickt, mit dem es die Konflikte aus dieser allerersten Liebesgeschichte noch einmal inszenieren kann, um die überwältigenden Gefühle noch einmal auszukosten und um alte Wunden zu heilen. Der Psychoanalytiker Michael Lukas Moeller schreibt in seinem Buch »Auf dem Weg zu einer Wissenschaft der Liebe«, das Zentrum jeder Liebe sei der »Niederschlag der Beziehungsgeschichte – beginnend bei den Bindungen an Mutter, Vater und Geschwister ... gleichsam wie in einer dreifaltigen, ineinander wirkenden Matrix.« Sich in jemanden zu verlieben, hat immer diese zwei Dimensionen. Eine verweist auf das Alte, das bereits Erlebte, und auf die Vergangenheit. Eine weist mit dem Prinzip Hoffnung nach vorn in die Zukunft.

Kürzlich sah ich in einem Dokumentarfilm eine rasende Schar pubertierender Mädchen, die Tom Cruise zujubelten. Einige Mädchen kreischten, andere weinten, andere wirkten wie im Delirium. Sie waren außer sich, ihrem Idol Auge in Auge gegenüberzustehen. Es ist leicht vorstellbar, welche ihrer Kindheitswunden diese Mädchen an der Seite von Cruise und all den anderen Stars heilen möchten. Sie streifen mit einem Schlag die emotionale und räumliche Enge ihres Teenagerlebens ab und treten in ihrer Fantasie in ein neues Leben ein, in dem es keine Vorschriften, keine Ungerechtigkeit, sondern nur Heldentum und wahre Liebe gibt. Umgekehrt ist es schwer vorstellbar, welche Kindheitswunden Tom Cruise mit einem weinenden Teenager heilen könnte. Und so schreiten die Helden und Heldinnen lässig winkend und lieb lächelnd an ihrer weiblichen Fangemeinde vorbei, um sich mit einem anderen Superstar zusammenzutun.

Das limbische System der Mädchen hatte einen ganzen Schwall alter, reanimierter Gefühle mit der Hoffnung auf Heilung ausgeschüttet. Das Ganze noch mit einem Hormoncocktail vermischt, der selbst den stärksten Cowboy umhauen würde. Das Ergebnis war in der Dokumentation zu sehen. Nicht jede Verliebtheit ist so aussichtslos. Es klappt ja doch relativ oft. Und zwar dann, wenn es beide mit ihren Vergangenheitsmustern zueinander hinzieht. Gleich und gleich gesellt sich gern, heißt der Liebesplan, der langfristig am besten funktioniert, wie inzwischen auch die Wissenschaft bestätigt. Das gleiche soziale Milieu, ein ähnlich gutes Aussehen, der gleiche Bildungsstand, eine ähnliche Familiengeschichte – das ist der Stoff aus dem auch ähnliche Kindheitskonflikte gemacht sind.

Zur Theorie der Liebe gehört auch, dass die Liebe der Fortpflanzung dient. Entwickelt sich in der Anfangsphase nicht die sinnliche Lust aufeinander, wird sie sich auch später nicht entwickeln. Wenn wir verliebt sind, wollen wir dem anderen ganz nah sein. Unsere Gefühle bringen uns dazu, dass wir mitten in der Nacht sehnsüchtig nach dem Anruf unseres neuen Liebsten noch zu ihm fahren können, auch wenn wir sonst um Mitternacht in Tiefschlaf fallen. Sie sorgen dafür, dass wir ihm permanent an die Wäsche wollen oder ihn vor lauter Liebe auffressen könnten. Sie sorgen auch dafür, dass wir möglichst schnell eine feste Bindung aus den lockeren Dates machen möchten. Das stärkt uns selbst, und das stärkt unsere Liebe.

In der Liebe wiederholen wir dann jenes komplexe Beziehungsgeflecht, das uns schon einmal mit all der

Lust und all dem Frust so massiv beschäftigt hat. Die Liebe zu Klaus, Martin oder Felix erinnert deshalb auch immer an etwas Altvertrautes. Frisch Verliebte entdecken aus dem Grund auch am Anfang so viele Gemeinsamkeiten. Mit den reanimierten Gefühlen treten die alten Erinnerungen wieder auf den Plan. Verliebte haben sich viel zu erzählen. Ganze Nächte lang können sie ihre Lebensgeschichte voreinander ausbreiten. Langweilig wird das nie. Das Gefühl auf Wolke sieben zu schweben, die Idealisierung des anderen, die Berge versetzende Überschätzung seiner Fähigkeiten, alles ist so und doch ganz anders, wie es auch schon bei der ersten Liebe war. Aber auch die belastenden Gefühle von früher werden wieder lebendig. Angst vor Zurückweisung, Eifersucht, Misstrauen, Scham, ein Gefühl der Einengung oder der Erniedrigung, Hass und Zorn – je nachdem, was im Zentrum der alten Erfahrungen stand. Im Nachhinein wirkt das inszenierte Spiel manchmal albern und enttäuschend. Die ersten Gefühle bleiben nun mal die tiefsten. Alles, was danach kommt, kann gar nichts anderes sein als die zweite Wahl. Aber die Gefühle waren deshalb nicht weniger echt und gingen trotzdem oft ganz schön tief. Der Partner hat das alles miterlebt. Oder der Ex. Und es kann beim Wiedersehen schon seltsam berühren, wenn sich die Gefühle zu ihm verändert haben.

Beim nächsten Mann wird alles anders. Stimmt. Es wird beim nächsten Mann sogar meistens auch alles besser. Selbst mit dem langjährigen Partner wird es das.

Wenn wir es wollen, lernen wir im Laufe unseres Lebens, beziehungsfähiger zu werden und unsere Kindheitskonflikte zu überwinden. Wir heilen unsere alten Wunden, indem wir uns Taktiken aneignen, den alten Liebeskonflikt nach den eigenen Wünschen zu verändern. Deshalb lesen und sprechen wir Frauen so gern über unsere Schwierigkeiten. Wir wollen sie überwinden, und wir überwinden sie, wenn wir die Hintergründe erkannt haben.

Mit einer behüteten Kindheit im Rücken verliebt es sich leichter, weil die nachzuspielenden Szenen positiver und die Erinnerungen nicht so schmerzhaft sind. Mit einer schönen Kindheit im Gepäck ist es auch leichter, den richtigen Mann für die eigenen Projekte zu finden, weil man weniger in der Vergangenheit hängen bleibt und sich schneller mit der Zukunft beschäftigen kann. Frauen mit schwierigen Kindheitserfahrungen brauchen länger, um die Altlasten durchzuspielen. Nach drei Jahren ist eine solche schmerzhafte Kindheitsinszenierung mit einem Partner durchgespielt. Danach entscheidet sich, ob das geknüpfte Band ausreicht, um aus Verliebtheit und Liebe eine langfristige Beziehung zu machen. Vielleicht beträgt die durchschnittliche Liebesdauer in allen westlichen Kulturen deshalb vier Jahre. Nach vier Beziehungsjahren folgt der Trennungsboom.

Eine Bindung ist nicht nur Inszenierung, sie ist auch eine Festlegung auf einen bestimmten Menschen. Wer sich für einen Partner entscheidet, entscheidet sich auch für eine bestimmte Selbstentwicklung. Denn mit jedem anderen Menschen würde jeder etwas anderes erleben. Und das gilt vielleicht noch stärker in der Kinderfrage, wo ein Nein zum Kind so viel Gewicht hat. Wir haben gesehen, dass das Nein von einem der beiden Partner in einer Beziehung entscheidet. Ein Nein bleibt fast immer ein Nein. Nur wenn die Liebe und die Verbindlichkeit in der Beziehung sehr groß sind, kann mit Überzeugungsarbeit doch noch ein Baby daraus werden. Darüber muss man ehrlich reden. Wer das Thema verdrängt oder zu lange auf einen günstigen Moment wartet, weiß meistens selbst, dass sich hinter dieser Taktik die Angst vor der Wahrheit und vor dem wahren Zustand der Beziehung verbirgt. Wer die Entscheidung gleich für den anderen mit treffen möchte und heimlich die Pille absetzt, muss darauf vorbereitet sein, dass der Partner sich reingelegt oder überrumpelt fühlt und sauer reagiert. Beziehungen sind komplex. Aber so kompliziert, fragil und stabil sie auch immer sein mögen, offen über die eigenen Gefühle miteinander zu reden, ist heute *das* Mittel der Wahl, das wir haben, um uns nahe zu kommen und uns gegenseitig zu überzeugen.

Bis es soweit ist und das erste Kind kommt, vergehen zwischen zwei und zehn Jahre. Wem es wichtig ist, sein Kind in einer stabilen Partnerschaft großzuziehen, sollte bei der Partnerwahl relativ früh die Weichen stellen, damit der Druck der fruchtbaren Jahre nicht die Planung überschattet. Ideal wäre, wenn bis 33 der Richtige gefunden ist. Die Vorstellung, erst locker-flockig mit allen möglichen falschen Männern Spaß zu haben und später den richtigen Kindsvater zu suchen, ist reines Wunschdenken. Das Spaßhaben ist trotz aller Wonnen immer auch eine saure Angelegenheit, weil Gefühle nun mal tief gehen und ohne Gefühle die Liebe keinen Spaß macht. Und woran sollte eine Frau überhaupt den richtigen Kindsvater auf Anhieb erkennen? An seinem Porsche vielleicht? Das mag bei einer Porschefahrerin vielleicht klappen. Aber bei allen anderen?

Es ist oft zu lesen, dass Frauen sich am liebsten einen Überflieger als potenziellen Vater für ihre Kinder angeln würden. Der Porsche wird dabei als Symbol für die gesammelten Nüsse gedeutet, die das »Männchen« fleißig und sparsam zurückgelegt hat, um das Weibchen zu beeindrucken und von seinen Vaterqualitäten zu überzeugen. Mit einem solchen Vater verschafft die Frau ihrem Nachwuchs Zugang zu den besten Ressourcen, zu den perfekten Startbedingungen, die ein erfolgreiches Leben ermöglichen, so die gängige Erklärung. Der Gedanke ist natürlich nicht ganz falsch. Doch selbst aus evolutionsbiologischer Perspektive ist diese Sichtweise zu platt. Frauen sind klüger. Sie picken sich aus einer Gruppe von Männern nicht das Alphamännchen heraus, das im dicksten Auto vorfährt und die meisten Millionen gehortet hat. Wir Menschen gehören zu den Arten, die ihren Nachwuchs kooperativ aufziehen. Und da muss eine zukünftige Mutter schon ganz genau hinsehen, mit wem sie ein Kind haben möchte. Ein reicher Hallodri ist als Vater sicher weniger geeignet als ein Mann, dem sie vertrauen kann.

Wer auf der Suche nach einem Vater für seine Kinder ist, braucht also einen zuverlässigen Mann. Hat man sich in jemanden verliebt, wird meist relativ bald abgeklärt, ob mit dem neuen Partner das Projekt Kind prinzipiell denkbar ist. In vielen Liebesbeziehungen wird der Kinderwunsch als Thema sogar schon innerhalb der ersten vier Wochen ins Spiel gebracht. Ein Wunder ist das nicht. Mit den alten Gefühlen werden ja auch die alten Kindheitsbilder reanimiert. Da ist der Schritt, an eigene Kinder zu denken, schnell getan. Als Faustregel gilt, ein halbes Jahr lang wird das Thema immer mal wieder ausgelotet und abgeklopft. Dann steht fest, ob sich beide einig sind. Nicht immer können wir mit unserem Wunschpartner in die erträumte Zukunft aufbrechen. »Ich habe mir immer Kinder gewünscht«, sagt eine Freundin mit 38, die als Krankengymnastin arbeitet und deren Ex gerade Vater geworden ist. »Er war der Richtige für mich. Vielleicht finde ich noch einmal den richtigen Mann? Wenn der nicht auftaucht, muss ich mich damit abfinden. Es stört mich aber jetzt schon, wenn mir Mütter versichern, dass das doch gar nicht so schlimm sei. Man könne auch ohne Kinder glücklich werden … Sie vielleicht, aber ich?«

Es gibt keine universelle Lösung. Der Mann, den wir lieben, kann uns den Kinderwunsch verbauen. Er kann uns andererseits auch in die Mutterschaft drängen. Uns bleibt nur abzuwägen, wie groß unser Kinderwunsch wirklich ist und wie tief unsere Liebe zu ihm wirklich geht. Unser Verstand hat trotzdem keine Macht über uns. Unsere Gefühle werden das entscheiden. Einfach so.

Nicht zu jeder Bindung passt ein Kind. Nicht in jeder Beziehung möchte man den Kinderwunsch realisieren. Denn nicht in jeder Beziehung ist das der Konflikt oder das Zukunftsprojekt, um das es geht. Das hat nichts mit der Größe der Liebe zu tun, nichts mit der Intensität der Gefühle, sondern mit dem, was beide zusammen erleben möchten. Die Kinderlosigkeit kann schließlich auch ein Kompliment an die Beziehung sein. Immerhin heißt keine Kinder zu wollen, mehr Zeit für den Partner zu haben. Simone de Beauvoir hat Jean Paul Sartre ein solches Kompliment gemacht. Er war alles für sie, jedenfalls in den ersten Jahren, wurde sie nicht müde, auf ihren Vortragsreisen zu betonen. Und es gibt keine Hinweise darauf, dass sie ihren Entschluss jemals bereut hat.

»Indem ich ohne Kind blieb, erfüllte ich meine natürliche Bestimmung. Durch die Literatur, so dachte ich, rechtfertigt man die Welt, indem man etwas Neues schafft ... Die Frau muß darauf bestehen, die Gesellschaft mitzugestalten, in die sie Kinder setzen möchte. Es ist nicht das gleiche, ob sie Kanonenfutter, Sklaven, Opfer oder freie Menschen zur Welt bringt«, lautet eine in den siebziger Jahren viel zitierte Begründung von Simone de Beauvoir für ihre Entscheidung zur Kinderlosigkeit. Auch wenn solche politischen Motive aus der

Mode gekommen sind, sollte sich jede Frau immer noch ehrlich fragen, wie ihr persönliches Happyend aussieht: ob es die Freiheit ist, mit ihm spontan genau das zu tun, wozu sie Lust hat, oder ob sie ein Kind von ihm möchte. Mut bewegt so viel. Anpassung blockiert.

Lust und Frust der Kinderlosen

Kinder sind süß, wenn man sie wieder abgeben kann.

Carla, 26, kein Kind

Die Vorurteile sind so fies, wie Vorurteile nun einmal sind: Kinderlose Frauen sind Egoistinnen mit Cabrio und Eigentumswohnung. Raffgierige Drachen. Ehrgeizige Karrieristinnen. Bindungsunfähige, neurotische Ziegen, die nicht wissen, was wirklich im Leben zählt. Armselige Dinger. Kränkelnde Schwächlinge. Sitzen gebliebene alte Jungfern. Kein Menschenkenner würde jemals »nie« zu solchen boshaften Kategorien sagen. Aber selbst wenn einige kinderlose Frauen tatsächlich so sein sollten, gibt es solche Frauen auch unter den Müttern. Beide Gruppen sind schlichtweg riesengroß.

Die meisten Kinderlosen sind keine Kinderhasser. Viele von ihnen haben nur das Gefühl, dass Kinder ihrem Leben nicht mehr Sinn geben würden, nicht mehr sinnliche Erfahrung, sondern nur eine andere, eine freudlosere Richtung. 15 Prozent der kinderlosen Frauen haben sich selbst Kinder gewünscht, wie der dritte Familiensurvey ermittelte. Nur hat es bei ihnen nicht geklappt. Auch ein Drittel der kinderlosen Männer ist nicht absichtlich kinderlos. Trotzdem haben sich fast alle kinderlosen Frauen und Männer im Laufe der Jahre angewöhnt, das Negative am Kinderhaben hervorzuheben, weil das lustiger und abgeklärter klingt und weniger nach Versagen oder Enttäuschung. Aber so, wie viele Eltern sich ganz selbstverständlich über den Stress mit ihren Kindern beklagen, bedauern auch nicht wenige der Kinderlosen manchmal die Lücke in ihrem Leben.

Schon seit über dreißig Jahren gibt es in Deutschland eine relativ große Zahl von Frauen und Männern über 40, die keine Kinder haben. Im Jahr 2000 hatten von den 45-jährigen Frauen im Westen 30 Prozent keine Kinder. Im Osten waren es laut Familiensurvey 12 Prozent. Andere Statistiken weichen um ein paar Prozentzahlen davon ab, tippen auf mehr oder weniger Kinderlose. Von den 1325386 Menschen, die 1965 in Deutschland Ost und West geboren wurden, werden nach Schätzung von Experten der Bevölkerungsstatistik rund 398000 kinderlos bleiben. Das ist ein Drittel dieses Jahrgangs! Bei Frauen gilt: Je besser die Ausbildung, desto häufiger sind sie kinderlos. 25 Prozent der Hauptschulabsolventinnen, 33 Prozent der Realschulabgängerinnen und 40 Prozent der 1965 geborenen Akademikerinnen werden kinderlos bleiben, so der Familiensurvey. Andere Quellen sprechen sogar von 44 Prozent kinderlosen Akademikerinnen.

Obwohl die Zahl der Kinderlosen Jahr für Jahr steigt, haben sie für viele Menschen in unserem Land eine unbekannte Aura um sich herum. Wie sind sie wirklich, die Menschen ohne Kinder? Sind sie wilder? Immerhin können sie Partys feiern, wie sie fallen, dicke Autos fahren und dreimal im Jahr ins Ausland reisen. So jedenfalls sehen viele gleichaltrige Eltern die Kinderlosen heute, die ihr Geld jahrelang nur für sich allein und für niemanden sonst ausgeben konnten. Vielleicht entsteht dieser wilde Eindruck jedoch bloß, weil auch die homosexuellen Männer zu den Kinderlosen gehören. Das ist die eine Seite, die schöne, die abenteuerliche. Die andere Seite besteht nicht nur aus lauter schicken Partys und Picknicks mit lauter guten Freunden.

Eltern um 50 können sagen: Es war hart, aber es hat sich gelohnt. Kinderlose um 50 haben diese Erfahrung nicht gemacht. Es war sicher trotzdem manchmal hart, das Leben. Aber hat es sich auch gelohnt? Oder war es ein Fehler, den Schritt auf die Elternseite nie gewagt zu haben?

Die Kinderlosen lassen sich in drei große Gruppen unterteilen, die sich in ganz unterschiedlicher Weise mit ihrer Kinderlosigkeit auseinander gesetzt haben: kein Kinderwunsch vorhanden, unerfüllter Kinderwunsch mit ärztlicher Behandlung und unerfüllter Kinderwunsch ohne ärztliche Behandlung. Mittlerweile gibt es darüber viele Forschungsberichte. Seit kurzem liegt auch eine systematische Untersuchung aus dem Jahr 2000 vor, durchgeführt von einem Forscherteam um Bernhard Strauß vom Institut für medizinische Psychologie in Jena und Jürgen Bengel vom Psychologischen Institut der Albert-Ludwigs-Universität in Freiburg.

Auf einige der Tendenzen, die sich in ihren umfangreichen Befragungen zeigten, werde ich im Folgenden noch genauer eingehen.

Kinderlose Frauen in West- und Ostdeutschland
(Anteile am Geburtsjahrgang in Prozent)

	Westdeutschland	*Ostdeutschland*
1935	7,1	8,8
1940	10,1	8,9
1945	12,9	8,5
1950	14,8	8,1
1955	19,1	6,2
1960	21,5	10,0
1965	27,6	12,0

Quelle: Statistisches Bundesamt. Diese Zahlen liegen etwas niedriger als die des Familiensurveys 2000. Doch sie skizzieren dieselbe Tendenz über die Jahrgänge.

In allen Gruppen finden sich erwerbsorientierte Frauen, die eine Doppelausrichtung auf Beruf und Familie für nicht realisierbar halten. Manche sehen dies grundsätzlich so und vermissen nichts, andere haben den Kinderwunsch immer wieder aufgeschoben, in der Hoffnung, dass die Umstände eines Tages günstiger sein würden. Und irgendwann war es dann einfach zu spät, mit oder ohne ärztliche Hilfe. Ausgelassen habe ich bei meiner Beschreibung die homosexuellen Frauen und ihren Kinderwunsch. Das Thema würde ein eigenes Buch füllen und bräuchte viel Zeit für eine eigene Recherche. Anders als bei den heterosexuellen gibt es für homosexuelle Frauen vor allem Schwierigkeiten in der Paarbeziehung, wenn ein Mann als Samenspender in die Beziehung eindringt. Darüber hinaus gibt es mehr Probleme im rechtlichen Bereich, was zum Beispiel die Nutzung von Samenbänken und die Möglichkeiten künstlicher Befruchtung angeht, und es gibt Unterschiede bei der gesellschaftlichen Anerkennung. Homosexuelle Paare müssen sich rechtfertigen, wenn sie ein Kind wollen, bei Heterosexuellen ist es eher umgekehrt. Dennoch gibt es viele Gemeinsamkeiten, etwa was die eigenen Ambivalenzen und den Konflikt zwischen Beruf und Familie betrifft. Kinderwunsch bleibt eben Kinderwunsch, egal ob mit oder ohne Partner, ob mit einem Mann oder einer Frau an der Seite.

Null Kinderwunsch, kein Kind

Eva, 46, Soziologin aus Westberlin:
»Kinder, die fressen einem die Haare vom Kopf, rauben einen emotional aus und brechen dann auf, um ihre eigenen Abenteuer zu erleben. Kaum sind sie weg, stellen ihre Eltern entsetzt fest, dass ihr Leben schon so gut wie vorbei ist«, formuliert es Eva halb im Ernst, halb im Scherz.

»Meine beiden älteren Freundinnen sitzen mittlerweile in Lübeck und Flensburg in einem leeren Nest. Ihre Kinder sind nach dem Abitur ausgeflogen und studieren jetzt in anderen Städten. Seit die Kinder nicht mehr mit ihren Problemen den Rhythmus bestimmen, fühlen sie sich plötzlich einsam und im Stich gelassen, träumen von leidenschaftlichen Liebhabern und einer Umorientierung im Beruf. Sie wirken auf mich manchmal völlig weltfremd. Fast wie junge Mädchen, obwohl sie vorher souverän ihre Familie gemanagt haben. Wozu die ganze Mühe? Nein, ich glaube, ich habe den besseren Teil erwischt, als ich mich ganz bewusst gegen Kinder entschieden habe. Ich war nach dem Studium allein in Japan, China, Mexiko unterwegs. Danach habe ich in einem Unternehmen einen Job gefunden und bin sehr gefördert worden. Ich habe seit zwei Jahren eine tolle Beziehung. Das ist natürlich auch eine Glückssache. Unser Leben ist chaotisch, laut und alles andere als langweilig. Etwas öde habe ich es bei meinen gleichaltrigen Freundinnen manchmal empfunden, die wegen ihrer Kinder auf vieles verzichten mussten, vor allem darauf, selbst verrückte Dinge zu tun. Ich konnte mich frei entfalten, konnte alle meine Launen ausleben, brauchte nie Rücksicht zu nehmen, nie ein schlechtes Gewissen zu haben. Das prägt anders. Ich wage mehr als meine Freundinnen mit Kindern, die ihr wahres Ich erst entdecken müssen, weil ihre Kinder sie in den letzten zwanzig Jahren gezwungen haben, ihre Bedürfnisse hintanzusetzen. Ich brauchte das nie. Ich musste auch nie Vorbild sein. Ich konnte ich sein. Mit allen Schwächen. Minderwertig habe ich mich nie gefühlt, auch wenn andere kinderlose Freundinnen das Gefühl haben, nicht so viel wert zu sein wie eine Mutter.

Trotzdem kenne ich auch die Wehmut. Dieses Zwicken, dass ich nie wissen werde, wie meine eigenen Kinder wohl gewesen wären. Dieser erste Blick auf mein Kind. Das fehlt mir schon. Die Frage an mich, ob ich Kinder hätte, kenne ich natürlich auch. Wenn ich nein sage, wechselt der Gesichtsausdruck meines Gegenübers. Entweder der andere schaut verlegen weg, oder sein Blick wird dramatisch, nach dem Motto: Oh Gott, Sie Arme, hat es nicht geklappt? Gelegentlich grinst einer verschwörerisch, als wolle er sagen: Ich würde mir heute auch keine Kinder mehr anschaffen. Beides macht mich aggressiv, und ich wundere mich dann, warum ich eigentlich so sauer bin.«

Das wichtigste Merkmal der bewusst kinderlosen Gruppe ist ihre berufliche Orientierung. Absichtlich kinderlose Frauen und Männer wollen meist ohne Kompromisse ihre beruflichen Ziele verfolgen. Die Liebe ist gegenseitig. Überall im Berufsleben sind heute Kinderlose zu finden. Kinderlosigkeit ist aus Firmensicht kein Stigma. Nicht einmal mehr in einer konservativen, familienorientierten Partei wie der CDU, die eine Parteivorsitzende wie Angela Merkel an ihrer Spitze hat und in Hamburg einen Ole von Beust als Bürgermeister durchsetzen konnte. Für Frauen im Berufsleben ist Kinderlosigkeit immer ein Pluspunkt gewesen, weil die Schwangerschaft jeder Mitarbeiterin ein Unternehmen

Zeit und Geld kostet. Denn Kinder können krank werden, und eine Mutter, so die Vorstellung mancher Chefs und Kollegen, ist in Gedanken womöglich häufiger zu Hause als im Büro. Junggeselle oder Familienvater? Diese Frage stellt sich bei der Karriere nicht mehr so wie früher, als Junggesellen skeptischer beäugt wurden und eine Heirat noch der Karriere förderlich war. Die jüngeren Personalchefs haben keine Vorurteile gegenüber Junggesellen mehr – homo oder hetero. Die Wirtschaft würde auch nur ungern auf die vielen kinderlosen Männer verzichten und erst recht auf die kinderlosen Frauen, denn die sind noch 20 Prozent billiger als ihre männlichen Kollegen. Wie sehr die bewusste Entscheidung gegen eigene Kinder mit den beruflichen Anforderungen zu tun hat, zeigt sich daran, dass es im Osten deutlich weniger Kinderlose gibt. Kinder und Karriere lassen sich hier aus weiblicher Sicht leichter vereinbaren, weil mehr Betreuungsplätze für die Kleinen zur Verfügung stehen. Und die Männer ziehen offenbar mit.

Die gewollt kinderlosen Frauen werden in unserer Gesellschaft neuerdings oft beschimpft, weil sie ihren Beitrag zur Sicherung unseres Rentensystems, zur Zukunft der Bundesrepublik nicht leisten. Man könnte antworten, dass viele von ihnen durchaus einen wichtigen Beitrag leisten, indem sie viel arbeiten und hohe Steuern zahlen. Darüber hinaus sind sie seltener von Arbeitslosigkeit betroffen und fallen im Alter seltener den öffentlichen Kassen zur Last. Doch bei dieser ganzen Diskussion gerät leicht in Vergessenheit, dass niemand Kinder bekommt, weil er dies für seine staatsbürgerliche Pflicht hält. Wer sich *für* Kinder entscheidet, tut dies aus persönlichen Gründen, mögen diese in der Familie liegen, der Beziehung oder nur in einem selbst. Genauso sind es bei den Kinderlosen eine Vielzahl persönlicher Gründe, die zu der Entscheidung *gegen* eigene Kinder führen.

Bewusst Kinderlose beurteilen das Leben anders als Eltern. Sie finden nicht, dass ein Kind dem Leben mehr Sinn geben würde. Sie glauben auch nicht, dass ein Kind ihnen mehr soziale Anerkennung verschaffen würde. Ihre Selbstverwirklichung ist ihnen wichtiger als die sinnlichen Erfahrungen einer Elternschaft. Unterschiede zeigen sich auch in Sachen Partnerglück. Für die gewollt Kinderlosen braucht Liebe Freiheit. Eheliche und partnerschaftliche Zufriedenheit sehen die Frauen und Männer dieser Gruppe leichter ohne Kinder eingelöst als mit Kindern. Sie möchten auf eigenen Füßen stehen und sozial unabhängig von ihrem Partner sein. Die meisten wünschen sich auch einen intensiven intellektuellen Austausch innerhalb der Partnerschaft. Erwachsenenthemen statt Kinderthemen. Gewollt Kinderlose gehören wesentlich häufiger keiner religiösen Gruppierung an, und sie leben am liebsten in Ballungszentren. In den Großstädten hat sich im Laufe der letzten Jahrzehnte eine breitere Vielfalt der Lebensformen durchgesetzt. Hier gibt es mehr Kinderlose, mehr Singles, mehr Einelternfamilien.

Die Entscheidung zur Kinderlosigkeit fällt meist früh. Schon mit 25 wissen oder ahnen die meisten bewusst kinderlosen Frauen und Männer, dass sie keine Kinder wollen, schreiben Strauß und Bengel. Das hat oft mit ihren Erfahrungen aus der Kindheit zu tun. Die Männer sind, wie wir schon beim männlichen Kinderwunsch gesehen haben, auffallend häufig nicht bei ihren Eltern aufgewachsen und auffallend oft ist ein Elternteil früh gestorben. Gewollt kinderlose Paare sehen in ihren Eltern häufiger keine Vorbilder für die Elternrolle. Diese Erfahrungen müssen nicht immer krass und traurig gewesen sein, aber sie haben den Kinderlosen schon früh das Gefühl vermittelt, dass Familie etwas Beengendes haben kann und Freiheit ein unschätzbarer Wert ist. Aber selbst die meisten der ganz bewusst kinderlosen Frauen und Männer haben trotzdem manchmal das Gefühl, dass sie eine Seite im Leben nicht gelebt haben. Die Lücke ist da, auch wenn sie nicht immer und wenn sie nicht jedem in gleicher Weise wehtut.

Unerfüllter Kinderwunsch – trotz ärztlicher Behandlung

Heike, 46, Angestellte aus Ostberlin:
»Als die Mauer fiel, fuhr ich zu Fachärzten in den Westen. Ich dachte, bei uns werde ich ja nur belogen. Ich war deprimiert und total verunsichert, wenn mich jemand nach meiner Kinderlosigkeit fragte. Ich hatte

mir immer Kinder gewünscht, dass war ganz selbstverständlich für mich. Ich stamme aus einer kinderreichen Familie, in der sich alles um die Enkelkinder dreht. Damit, dass ausgerechnet wir keine Kinder bekommen konnten, hatte ich lange zu kämpfen. Nach dem Mauerfall war ich drei Jahre lang im Westen vergeblich in Behandlung. Danach bin ich in ein tiefes Loch gefallen, aber es tut mir gut, zu wissen, dass wir alles probiert haben. Heute ärgere ich mich darüber, dass wir damals kein Kind adoptieren wollten, weil uns das zu kompliziert war. Wir haben guten Kontakt zu den Kindern aus der Nachbarschaft. Ein Mädchen habe ich sogar schon als ›Erbin‹ ausgeguckt. Es macht uns beiden Spaß, darüber zu scherzen. Unglücklich bin ich nicht mehr. Man wächst rein in das kinderlose Leben. Heute kann ich offen dazu stehen, dass ich mir das nicht selbst ausgesucht habe. Das hilft.«

Der Kinderwunsch ist in dieser Gruppe genauso ausgeprägt wie bei den meisten angehenden Eltern. Auch diese Frauen geraten Anfang 30 voller Zuversicht in die Babyboomphase – nur, dass sie nicht schwanger werden. Ungefähr 50 Prozent der Frauen gehen bereits innerhalb der ersten zwei Jahre zum Arzt, wenn sie merken, dass sie nicht schwanger werden. Die andere Hälfte braucht länger, sich für diesen Schritt zu entscheiden. In diese Gruppe fallen aber auch viele Frauen, die ihren Kinderwunsch aufschieben mussten, sei es, dass der Job sie dazu gezwungen hat oder dass kein passender Partner an ihrer Seite war. Sie treffen die Entscheidung fürs Kind schon unter biologischem Druck. So bekommt etwa jede dritte Frau ab 40 ihr spätes Baby mit einem neuen Partner.

Voraussetzung für die ärztliche Behandlung ist, dass sich ein Paar einig ist, medizinische Hilfe in Anspruch zu nehmen. Das klingt leichter als es ist. Viele Männer brauchen Zeit, um sich an den Gedanken zu gewöhnen, dass mit ihrer Zeugungsfähigkeit etwas nicht stimmen könnte. Wertvolle Zeit verrinnt. Am Anfang steht der Schock, dass es bei allen anderen Paaren zu klappen scheint, nur bei einem selbst nicht. Der Neid auf Frauen mit Kindern wächst. Die Tatsache, auf ärztliche Hilfe angewiesen zu sein, löst Trauer und Wut aus. Nicht alle betroffenen Frauen und Männer sind optimistisch. Ungefähr ein Drittel ahnt, dass es nicht klappen wird. Aber nach den ersten Gesprächen beim Arzt werden bei fast allen neue Hoffnungen geweckt. Die Anfangseuphorie ist normal. Nicht normal sollte sein, dass dem Paar das Blaue vom Himmel versprochen wird. »Nach drei Behandlungen sind Sie schwanger«, wurde Heike von zwei Fachärzten versichert. Solche Aussagen sind unseriös. Dass sich ein Paar zurückzieht und nicht mit allen Freunden und Bekannten über seine Entscheidung zur Reprobehandlung spricht, ist ein wichtiger Schutzmechanismus. Denn wenn es nicht klappt, fällt es schwer, über das Scheitern zu reden.

In unserer von Darwin geprägten Gesellschaft wird persönlicher Erfolg auch an der Fitness gemessen. Zu einem erfolgreichen Leben gehören zwei Kinder und die Erfahrung, wie sich das anfühlt, Eltern zu sein. »Der Tüchtigste überlebt«, lautete auch die Theorie des berühmten englischen Philosophen und Evolutionsbiologen Herbert Spencer, der einundzwanzig Jahre nach Darwin starb und den viele von uns noch aus dem Biounterricht im Hinterkopf haben. Tüchtig waren in Spencers Augen fleißige Männer, die über genügend Ressourcen verfügten. Und hübsche Frauen, die fleißige Männer in eine Ehe locken konnten. Solche Ansichten sind in gewisser Weise lustig und in gewisser Weise Schnee von gestern. Aber wie so oft bei solchen schlichten Sprüchen haben sie eine große Wirkung auf uns, wenn sie auf einen halbwegs fruchtbaren Boden fallen. Dass mit kinderlosen Frauen etwas nicht stimmen kann, gehört zu unserer Geschichte, wie wir gesehen haben. Kinderlos, ist das nicht doch nur kopflos, freudlos, glücklos, verrückt, verzettelt? Ist das nicht in Wahrheit der Stoff, aus dem das kinderlose Leben gemacht ist? Unfruchtbarkeit gesteht keiner gern ein, wird sie doch außerdem leicht als körperliche Schwäche gedeutet.

Die Bereitschaft, für den Traum vom eigenen Wunschkind tief in die Tasche zu greifen, ist groß. Nicht selten hat eine jahrelange Behandlung am Ende 20000 Euro und mehr verschlungen. Und nicht selten muss eine Frau Fehlgeburten und Totgeburten auf dem Weg in die Kinderlosigkeit verkraften. Die vergeblichen Jahre der Behandlung erleben viele als finsterste Hölle zwischen Hoffnung und Verzweiflung. Das Gefühl, zutiefst versagt zu haben, ist die Folge fast jeder abgebrochenen Behandlung. »Irgendwann hörst du auf, an dich zu glauben«, beschreibt Heike das Gefühl, als sie anfing, sich und ihren Körper zu hassen. »Ich habe mich gefühlt wie durch den Fleischwolf gedreht.« Die Wucht der Verzweiflung ist kein klinisches Phänomen, sondern der schmerzhafte Ausdruck eines Verarbeitungsprozesses. Frauen sehen die Ursachen für die Unfruchtbarkeit häufiger als ihre Partner im eigenen Versagen. Als Folge ihrer Niedergeschlagenheit, ihrer ambivalenten Gefühle und als Folge von Fehlern in der Vergangenheit. Manche stellen während der erfolglosen Behandlung ihr ganzes Leben infrage. Die meisten leiden unter Depressionen, unter Scham- und Schuldgefühlen, unter Angst und Wut, unter dem Gefühl, ohne Wunschkind nichts wert zu sein. Viele der Paare stellen einen Adoptionsantrag. Aber nur wenige entscheiden sich am Ende wirklich für ein fremdes Kind. Meist wurde der Kinderwunsch nach einer Weile als weniger intensiv erlebt, die Unlust, sich vor der Behörde »auszuziehen« wächst, der Beruf und die Freizeit gewinnen wieder an Attraktivität. Die Trauerphase dauert nicht ein Leben lang. Neue Ziele eröffnen sich für alle Paare, neue Ideen lösen die Trauer ab.

Wie alle Krisen kann auch diese negative oder positive Auswirkungen auf eine Ehe haben, je nachdem, wie gut sich ein Paar versteht. Einige Studien kommen, wie Strauß und Bengel schreiben, zu dem Ergebnis, dass Paare enger zusammenrücken, dass Treue, Zusammengehörigkeitsgefühl, Kommunikation und Ehezufriedenheit zunehmen. Das ist vor allem so, wenn beide sich für ihre Kinderlosigkeit verantwortlich fühlen. Diese Paare bleiben häufiger zusammen. Die Verarbeitung gelingt leichter, wenn sich das Paar nicht als Außenseiter in der Gesellschaft fühlt, wenn es andere Paare ohne Kinder kennt und nicht in einer Umgebung lebt, in der Kinder selbstverständlich zum Leben gehören. »Was sollen kinderlose Paare auch erzählen?«, fragen sich die, die im Freundeskreis mit ihrer Kinderlosigkeit allein sind. Das kann einem vor allem auf dem Land passieren, wo das kinderlose Leben eher die Ausnahme ist. Als kinderloser Akademiker in der Großstadt befindet man sich dagegen meist in guter Gesellschaft, hier lebt es sich einfach leichter ohne eigene Kinder.

Keine Behandlung trotz unerfülltem Kinderwunsch

Maren, 48, Journalistin aus Hamburg:
»Ich wollte immer eigene Kinder. Aber erst später. Dass ich keinen Freund hatte, machte mir keine Sorgen. Ich würde mir schon rechtzeitig einen geeigneten Kindsvater schnappen. Als Moderedakteurin war ich viel unterwegs. Und wenn ich mal länger zu Hause blieb, war ich gern allein oder traf mich mit meinen Kolleginnen aus der Redaktion. Freundschaften müssen gepflegt werden. Dafür fehlte mir die Zeit. Wenn ich von den Reisen kam, war ich froh, meine Ruhe zu haben. Mit

33 Jahren fingen meine Atembeschwerden an. Ich war gerade in Mailand auf dem Weg von einem Showroom zum nächsten, als ich plötzlich keine Luft mehr bekam. Ich hatte zum ersten Mal Todesangst. Als die Anfälle in immer kürzeren Abständen kamen, ging ich zum Arzt. Der empfahl mir nach einem gründlichen Check ohne Befund, zu einem Therapeuten zu gehen. Das war für mich ein Schock. Trotzdem wusste ich intuitiv, dass er Recht hatte. Etwas gärte in mir. Aber was?

Selbstverständlich ging ich zu einem angesagten Analytiker in der besten Gegend. Das Ambiente stimmte. Der Mann war souverän, distanziert, gebildet. Und ich habe ihm lauter Lügen aufgetischt, weil ich nicht anders konnte. Ob er es gemerkt hat, weiß ich nicht. Er hat sich jedenfalls nichts anmerken lassen. Ich wechselte zu einem anderen. Bei ihm war nichts gestylt. Er nicht, die Praxis nicht, die ganze Gegend nicht. Er war einfach nur menschlich. Mit ihm konnte ich endlich offen sprechen. Ich hatte kein glückliches Elternhaus. Das Geld war immer knapp. Dafür floss der Alkohol reichlich. Meine Mutter verlor leicht die Nerven, ihr rutschte oft die Hand aus. Mein Vater ließ sich nach der Scheidung nur selten blicken. Zuerst waren wir zu dritt. Meine Mutter, meine Schwester und ich. Ich war 17 Jahre, als meine Mutter wieder heiratete. Danach gab es erst recht ständig Krach, bis ich mit ein paar Sachen zu meinem Freund zog.

In der Therapie habe ich verstanden, dass ich das Unangenehme in meiner Kindheit durch Schönheit ersetzen wollte. Design, Mode, Luxus, mir konnte es gar nicht edel genug sein. Das Design und die von mir sehr bewunderten Designer waren meine Welt. Zuerst als Moderedakteurin, später als freie Journalistin. Diese Branche, in der es wie in einem Haifischbecken zuging und in der echte Freundschaften so gut wie nicht existieren, zog mich magisch an. So war das Leben. Ein ewiger Kampf. Ich war taff. Ich brauchte niemanden. In Wahrheit war das alles nur Fassade. Dahinter steckte ein verängstigtes Wesen, das immer hibbelig war und immer unter Druck stand. In der Therapie habe ich begriffen, dass ich Angst davor hatte, schwanger zu werden. Ich hatte Angst davor, von meinem damaligen Freund schwanger zu werden, bei dem ich nur wohnen wollte, den ich aber nicht liebte.

Am Ende der Therapie war ich 36, die Atemnot war vorbei. Ich wusste, dass ich jetzt alle Barrieren in mir ausgeräumt hatte. Dann lernte ich Martin kennen. Er war der erste Mann, von dem ich schwanger werden wollte. Martin hatte schon zwei Kinder aus seiner ersten Ehe. Er war froh, dass sie inzwischen auf eigenen Beinen standen. Noch einmal von vorne anfangen zu müssen, reizte ihn nicht. Er sagte zwar, dass er mitmachen würde, wenn ich unbedingt ein Kind wolle. Aber ich habe mich nie wirklich aufgerafft und ihn beim Wort genommen. Ich verhütete nicht, und ich freute mich jeden Monat, wenn wir in der fraglichen Zeit zusammen schliefen. Aber es ist nie passiert. Irgendwann war mir klar: Es wird nicht mehr klappen! Da war ich ganz schön down, obwohl ich nie mit ihm darüber geredet habe.

Ich bin trotzdem in gewisser Weise ein Familienmensch. Ich mag seine Kinder, ich liebe große Tische beim Italiener, wenn alle Freunde mit Kind und Kegel zusammen sind. Ich hätte gern eine große Familie. Das merke ich vor allem zu Weihnachten. Ich habe gelernt, Freundschaften zu schließen und mich nicht zu verstellen. Martin und seine Kinder sind meine Familie. Meine Freunde, meine Wahlverwandten, gehören für mich auch zum engsten Kreis. Dafür nehme ich mir sehr viel Zeit. Aber es tut mir Leid, dass ich nie alles gewagt habe und nie zum Arzt gegangen bin.«

Es gibt viele Frauen, deren Kinderwunsch sich nie erfüllt hat und die dennoch nicht zum Arzt gegangen sind. Viele Paare schrecken vor der Reproduktionsmedizin und ihren Folgen zurück. Sie haben das Gefühl, wenn es nicht klappt, soll das eben so sein, und sie vertrauen darauf, dass sie einen Weg finden werden, damit zurechtzukommen. Manche Frauen haben in den entscheidenden Jahren auch einfach nur keinen Partner gehabt oder einen, der keine Kinder wollte. Andere haben keinen Sex. Die Paare, die nicht miteinander schlafen, denken trotzdem nicht alle gleich daran, wegen ihres Kinderwunsches einen Schlussstrich unter ihre Beziehung zu ziehen. Als ich mit kinderlosen Frauen über ihren unerfüllten Kinderwunsch sprach, wurde mir bewusst, dass es bei diesem Thema starke Tabus gibt, es gibt Gedanken und Sorgen, die viele Frauen nicht einmal ihrer besten Freundin anvertrauen würden. Eines der Tabuthemen war die Sexlosigkeit. Ein anderes war, dass allein der Gedanke an »Sex auf Befehl« einige Männer trotz eigenem Kinderwunsch so unter Druck setzte, dass ihre Lust völlig erloschen war, sobald die fruchtbaren Tage kamen. Andere Frauen wären auch mit einem erfolgreichen One-Night-Stand zufrieden gewesen, aber auch das funktioniert natürlich nicht auf Knopfdruck. Wieder andere werden arbeitslos oder krank und wollen unter den veränderten Bedingungen den Kinderwunsch nicht mehr realisieren.

Anders als bei den bewusst kinderlosen Paaren ist die Entscheidung, ohne ein Kind zu leben, in diesen Fällen ein Prozess, der sich langsam »verdichtet und in den die Betroffenen langsam hineinwachsen«, schreibt das Forscherteam um Strauß und Bengel. Mit Anfang 30 ist der Kinderwunsch auch in dieser Gruppe am größten, aber er schleicht sich langsam davon, und mit etwa 45 haben sich die Frauen meist damit abgefunden. Trotzdem ist diese Gruppe in den Wechseljahren psychisch stärker belastet als die Gruppe der ungewollt kinderlosen Frauen, die einen Arzt aufgesucht haben. Manchmal fiel die Entscheidung für ein kinderloses Leben nie bewusst, das Problem gärte unter der Oberfläche, sogar völlig undiskutiert innerhalb der Partnerschaft. Man hat nie die Initiative ergriffen, nie seine Wünsche mit aller Kraft durchgesetzt. Das ist in den Wechseljahren schwerer zu verkraften als das Gefühl, alles versucht und sich dann mit dem Scheitern abgefunden zu haben. Aber auch in dieser Gruppe gilt: Die Wunden verheilen. Die Frauen und Männer sind am Ende nicht unglücklicher als die anderen. Und auch sie finden neue Wege, ihr Leben ohne eigene Kinder zu genießen.

Egal, aus welchem Grund eine Frau keine Kinder hat, sie wird sich mit dem Vorurteil auseinander setzen müssen, dass mit einer kinderlosen Frau irgendetwas nicht stimmt. Viele Menschen in unserer Gesellschaft, manchmal auch die Kinderlosen selbst, haben das unbestimmte Gefühl, dass eine Frau ohne Kinder gegen ihre Natur verstößt. Wer so erfolgreich ist wie Angela Merkel und Sabine Christiansen, mag es da etwas leichter haben und eher Verständnis finden. Doch wie ergeht es den weniger Erfolgreichen? Was bleibt einer durchschnittlichen kinderlosen Frau, wenn ihre Beziehung in die Brüche geht und ihre Karriere mit 50 plötzlich zu Ende ist? Hat eine Frau, die sich mit dem Kinderkriegen schwer tut, mehr Probleme im sozialen Bereich? Hätte sie lieber ihrer Natur früh die Zügel überlassen müssen? Ist Kinderlosigkeit womöglich doch pathologisch?

Gewollt kinderlose Paare und kinderlose Paare, die trotz Kinderwunsch nicht in ärztlicher Behandlung waren, standen bisher nicht im Blickpunkt der psychologischen Forschung. Das Forscherteam um Strauß und Bengel hat nun herausgefunden, dass sich auch diese beiden Gruppen, genauso wie die Frauen und Männer, die zum Spezialisten gegangen sind, nicht von den Müttern unterscheiden, wenn es um Lebenszufriedenheit, Partnerzufriedenheit und psychische Befindlichkeit geht. Sie sind nicht verrückter, nicht nervöser, nicht weniger belastbar, nicht unsozialer und sogar seltener krank. Wir haben es geahnt, weil der Sprung auf die Elternseite ein flexibler Prozess ist, der von vielen Faktoren abhängt. Von den Umständen in Beruf und Beziehung, von der eigenen Fruchtbarkeit, von Glück und Zufall.

Und überhaupt: Was ist eigentlich biologisch normal? Reicht die Geburt *eines* Kindes, um seiner Natur gerecht zu werden? Warum hat uns die Natur mit der Möglichkeit ausgestattet, zahlreiche Kinder zu gebären? Als die Frau mit den meisten Kindern wurde 2002 im »Guinness-Buch der Rekorde« eine Russin aus Schuja genannt. Zwischen 1725 und 1765 brachte sie in 27 Entbindungen 69 Kinder zur Welt und stellte damit sogar die Fruchtbarkeit der Brasilianerin Madalena Carnaubra in den Schatten, die das Guinness-Buch vor ihr anführte. Sie heiratete mit 13 Jahren und bekam im Laufe ihrer Ehe 32 Kinder. Als Mann mit den meisten Nachkommen gilt der 1992 verstorbene Amerikaner Samuel S. Mast. Laut Guinness-Buch hatte er bei seinem Tod 824 lebende Nachkommen: 11 Kinder, 97 Enkel, 634 Urenkel und 82 Ururenkel.

Man möchte sich nicht vorstellen, was passierte, hätten wir alle so viele Nachkommen. Wenn ich mich nicht verrechnet habe und wenn wir unter Aufbietung aller medizinischen und technischen Möglichkeiten den rund 40 Millionen in Deutschland lebenden Männern in den nächsten Jahren zu demselben Kinder- und Kindeskindersegen verhelfen würden, wären wir in hundert Jahren ein Volk von rund 33 Billionen Menschen. Unseren europäischen Nachbarn würden die Haare zu Berge stehen. Uns auch, weil sich 95 000 Menschen auf jedem Quadratkilometer unseres Landes drängeln würden. Wir wären damit fünfmal mehr Menschen als der Rest der Welt. Zurzeit leben 6,1 Milliarden Menschen auf unserer Erde. Jährlich kommen rund 77 Millionen dazu, das entspricht einem Wachstum von 1,2 Prozent. Den Zuwachs verzeichnen allerdings hauptsächlich ärmere Länder. Schon jetzt lebt die Hälfte der Weltbevölkerung in sechs Ländern: Indien, China, Pakistan, Nigeria, Bangladesch und Indonesien. Die Zahl der Menschen, die in den Industrienationen leben, wird nach Meinung von Bevölkerungsexperten der Vereinten Nationen bis Mitte dieses Jahrhunderts etwa konstant bleiben. Das verdanken diese Länder allerdings nicht mehr ihrer eigenen Geburtenrate, sondern den Migranten. Die Experten schätzen weiter, dass 39 Industrienationen, nämlich die mit einer Geburtenziffer unter 1,7, schrumpfen werden; Japan und Deutschland bis Mitte dieses Jahrhunderts um 14 Prozent, Italien und Ungarn um 25 Prozent, Russland, Georgien und die Ukraine zwischen 28 und 40 Prozent. In diese Zahlen sind die geschätzten Zuwanderungsquoten bereits einbezogen. Weltweit hält der Trend zu Verstädterung an. Überall verlassen die Menschen mit ihren Kindern die Dörfer und ziehen in die versmogten Großstädte, wo sie auf

Arbeit hoffen können. Im Jahr 2030 werden voraussichtlich 60 Prozent der Menschheit in Städten leben. Tokio, Mexiko Stadt, Bombay, Lagos, Dhaka, New York und Sao Paulo werden dann Mega-Citys mit über 20 Millionen Menschen sein.

Dass bei uns das Boot nicht schon längst zu klein geworden ist, hat absolut nichts damit zu tun, dass wir unseren Kinderwunsch auf die demografische Entwicklung abstimmen. Es hat vielmehr damit zu tun, dass überall auf der Erde, auch in muslimischen Ländern, dasselbe passiert: Je mehr Menschen lesen und schreiben können, je reicher die Menschen sind, desto weniger Kinder haben sie. Frauen, die lesen und schreiben können, wollen auch ihren Kindern eine gute Ausbildung ermöglichen, und die kostet Zeit – und Geld. So entscheiden sich die Frauen für wenige Kinder, die sie mit allem versorgen und ausstatten können. Die reine Quantität ist nie das vorrangige Ziel des weiblichen Kinderwunsches gewesen. Jede Mutter möchte ihrem Kind die besten Möglichkeiten mit auf den Weg geben. Sie möchte ihr Kind beschützen und fördern, sie möchte, dass es keinen Hunger leidet. Eine Frau, die ihre Kinder mit Sozialhilfe großziehen muss, hat es zweifellos schwerer, ihrem Kind einen guten Start ins Leben zu ermöglichen. Doch sogar für Frauen oder Paare, die selbst für ihren Lebensunterhalt sorgen können, ist es nicht immer leicht, die perfekten Bedingungen zu schaffen.

In welche Familie ein Kind hineingeboren wird, kann erheblichen Einfluss auf seine Entwicklung haben. Wer

Eltern hat, die voller Lebensmut und Wärme sind, kann sich glücklich schätzen und entwickelt oft seinerseits ein unerschütterliches Vertrauen ins Leben und in sich selbst. Wichtig für die schulische und berufliche Entwicklung ist besonders die Bildung der Eltern, vor allem der Mutter, ist sie es doch meist, die den Nachwuchs in den ersten entscheidenden Jahren betreut. Die Startbedingungen eines Kindes hängen jedoch auch wesentlich von den finanziellen Möglichkeiten und der sozialen Herkunft der Eltern ab, von dem sozialen Netz, das sie ihrem Kind bieten können, dem Rest der Familie, ihrem Bekannten- und Freundeskreis. Gehen bei ihnen Künstler und Musiker ein und aus? Sind Onkel, Tanten und Freunde einflussreiche Anwälte, Ärzte oder Manager, durch die das Kind wie selbstverständlich die Verhaltensweisen dieser Schicht erlernt und schon früh die besten Verbindungen hat? Wohnen die Eltern in einer wohlhabenden Gegend mit guten Kindergärten und Schulen? Wer genügend Geld besitzt, hat auch weniger Probleme, Beruf und Familie zu vereinbaren. Manche haben gar mehrere Kinderfrauen oder Au-Pair-Mädchen.

Trotz aller politischer Bemühungen um Chancengleichheit, bleiben die Ausgangsbedingungen, in die unsere Kinder hineingeboren werden, sehr unterschiedlich. Kindern ist oft anzusehen, ob sie ein leichtes oder ein schweres Leben haben, ob sie zu viel Pommes und zu wenig Obst und Gemüse essen. Ich erinnere mich an ein Interview, das vor Jahren einer der nobelsten Herrenschneider in London gab. Er wurde gefragt, woran er seine betuchten Kunden erkenne. An den Schuhen? An der Kleidung? An den gepflegten Händen? Er verneinte. Engländer seien eigen, wenn es um ihre Kleidung und um die Pflege gehe. Manche der schwerreichen Gentlemen würden auf den ersten Blick recht abgerissen wirken, als kämen sie direkt aus dem Pferdestall. Sie seien trotzdem leicht zu erkennen. Nämlich an der guten Ernährung.

Die Vorstellung, dass Wohlstand, dass Geld die Voraussetzungen zum Kinderkriegen deutlich verbessert, ist uns unsympathisch. Wir möchten selbstlos lieben und in einer Welt leben, in der es nur um innere Werte geht. Und tatsächlich spielt Geld eine geringe Rolle, wenn Frauen sich für oder gegen eigene Kinder entscheiden. Wir möchten unsere Entscheidung nicht vom Geld abhängig machen. Schon eher stellen wir diesen Zusammenhang bei anderen her: »Die Frau X verdient doch nichts. Wie will die ein Kind ernähren?« Das Dilemma vieler junger Frauen liegt darin, dass ihr einziges Kapital ihre gute Ausbildung ist. Sie haben keine Ersparnisse oder ererbten Reichtum. Sie haben zwar die Chance, selbst gut zu verdienen – aber nur wenn sie keine jahrelange Babypause machen. Soziologen sprechen nicht nur aus Jux vom akademischen Proletariat, das nichts weiter hat, als die eigene Arbeitskraft. Frauen, die Geld geerbt haben, bekommen mehr Kinder als erfolgreiche Karrierefrauen. Und es hat seine Gründe, dass die reichen unter den Businessfrauen sich oft doch noch zu einem Kind entschließen, sei es nun einem adoptierten oder einem eigenen, wie die Anthropologin Sarah Blaffer Hrdy in ihrem Buch »Mutter Natur« beobachtet.

Es gibt viele gute Gründe, warum Frauen lange, manchmal zu lange brauchen, bis sie den Schritt auf die Elternseite wagen. Und es hat gute Gründe, dass nur zwei Kinder und nicht zehn als optimal gelten. Eine Frau, die ein Baby auf dem Arm hält, wusste schon vor zehntausend Jahren, dass sie damit weniger Wurzeln und Beeren sammeln konnte als eine, die beide Hände frei hatte. Jedes Kind braucht die Mutter. Jedes weitere Kind braucht Zeit, um gestillt und behütet zu werden, um sich in der Welt warm und sicher zu fühlen. Jedes weitere Baby kostet Zeit, die seinen Geschwistern und dem Partner nicht mehr zur Verfügung stehen. Das weiß eine Mutter. Wir können nicht auf allen Hochzeiten tanzen. Wir können uns nur entscheiden und Kompromisse finden.

Hätten die heute Kinderlosen zu jeder anderen Zeit Kinder bekommen? Höchstwahrscheinlich hätten wirklich viel mehr von ihnen die Erfahrung von Schwangerschaft und Geburt gemacht, als das in Westdeutschland im Jahre 2004 der Fall ist. Doch kinderlose Frauen und Frauen ohne überlebende Nachkommen hat es immer gegeben. Zu Zeiten, als unsere Vorfahren Jäger und Sammler waren, wuchs unsere Weltbevölkerung noch nicht. Die fettarme Nahrung, das Herumziehen, Giftschlangen, Wildkatzen, Seuchen und andere Krankheiten sorgten dafür, dass wir nicht mehr wurden. Die meisten jungen Frauen bekamen Kinder, aber nur die Hälfte hatte überlebende Nachkommen. Auch in der Neuzeit gab es viele kinderlose Frauen. Das Forscherteam Judge und Hrdy fand heraus, dass von den Frauen, die zwischen 1890 und 1984 im Sakramento-Tal Kaliforniens starben, 40 Prozent keine Kinder hatten. Dabei spielte die Kindersterblichkeit keine große Rolle. Viele der Frauen im sonnigen Kalifornien haben nie geheiratet. Andere waren ungewollt kinderlos, andere blieben ganz bewusst kinderlos. Der Ort war zufällig gewählt. Aber das Beispiel zeigt, dass bei einer Geburtenziffer von 1,6, wie sie dort gemessen wurde, ein hoher Anteil kinderloser Frauen zur niedrigen Geburtenrate beiträgt. Bei uns betrug die Rate der kinderlosen Frauen, inklusive derjenigen ohne überlebenden Nachwuchs, bis zur Jahrhundertwende 40 bis 50 Prozent. Im Vergleich zu früheren Zeiten bewegen wir uns also in einem normalen Rahmen. Allerdings ist der Anteil der Kinderlosen in Deutschland im Vergleich zu anderen wohlhabenden Industrienationen auffallend groß. In anderen Ländern, wie zum Beispiel in Frankreich, entscheiden sich die Frauen zwar auch für weniger Kinder, nämlich für eines oder zwei statt für drei, aber deutlich seltener für Kinderlosigkeit.

Kinderlosigkeit galt sogar schon einmal als Zeichen besonderer Reife. Im frühen Christentum bis zur Reformation stand die so genannte geistliche Mutterschaft über der physischen, recherchierte Barbara Vinken. Jungfräulichkeit und Unverheiratetsein galten mehr als

Heirat und Fortpflanzung. Geistliche Mutterschaft war die vollkommenere Nächstenliebe, weil sie größer und wertvoller schien. Männer und Frauen gründeten Gemeinschaften, in denen sie »asketisch in Christo« zusammenlebten, um anderen im Unglück beizustehen. Die Keuschen waren gut angesehen, weil sie »den ewigen Kreislauf von Erbsünde und Tod« unterbrachen. Sie löschten den Tod aus, statt ihn fortzupflanzen. Ein Kind geboren zu haben, dass jungfräulich blieb, war die Krönung eines sorgenvollen Mutterlebens im frühen Mittelalter. Es war der Triumph ihres reinen Kindes über das Fleisch. Heute bleiben wir nicht kinderlos, weil wir keusch leben und auch nicht, um anderen zu dienen. Genau wie Frauen aus persönlichen Motiven Mutter werden, bleiben manche aus persönlichen Motiven kinderlos. Mit Egoismus hat das nichts zu tun. Keine Kinder zu haben, bedeutet auch nicht automatisch, dass man sich nicht um andere kümmert. Manche der Frauen arbeiten in einem sozialen Beruf, manche engagieren sich in ihrer Freizeit für Aidskranke und Obdachlose, und nicht wenige Kinderlose haben Patenkinder oder Neffen und Nichten, um die sie sich regelmäßig kümmern.

Wir werden im Schnitt 82 Jahre alt und sind im Alter von 15 bis 40 fruchtbar. Wenn allein die Mutterschaft unserem Leben Sinn geben würde, bräuchten wir nicht so lange zu leben. Dann würden wir uns seit Urzeiten im Kollektiv von der Klippe stürzen. Aber das tun wir nicht. Auch die Kinderlosen haben eine soziale Ader, haben das Bedürfnis Teil einer Gemeinschaft zu sein. Wir werden krank, wenn wir uns abgelehnt und nutzlos fühlen und wenn wir zu lange allein sind. Kinderlose und Eltern erwachsener Kinder zahlen Steuern, damit unterstützen sie die anderen. Ältere und kinderlose Frauen haben schon immer für ihre Sippe mitgesorgt und sind für sie auf Nahrungssuche gegangen. Heute ist das anonymer. Aber das Prinzip ist dasselbe.

Mütter und Väter haben es leichter, gesellschaftliche Anerkennung zu finden. Sie können ganz unverblümt über die Last der Verpflichtungen und über ihren frechen kleinen Nikki und ihre zickige kleine Maria schimpfen und genauso unerschrocken die Gesellschaft kritisieren. Politikerinnen können wie Hillary Clinton sagen, dass sie eine andere Politik machen, weil sie Kinder haben. Dasselbe Selbstbewusstsein sollten auch die Kinderlosen aufbringen. Sie sollten ruhig über sich reden und Kinderlosigkeit zur Normalität machen. Sie sollten zugeben, dass sie manchmal Mütter um ihre Kinder beneiden, dass sie manchmal ein Baby anschauen und sich in dem Moment auch ein Kind wünschen. Diese Wehmut muss niemand leugnen. Aber man sollte auch die Vorteile der Kinderlosigkeit nicht verschweigen. Das Leben ohne Kinder ist schön. Manchmal mehr, manchmal weniger.

Was Ängste und Unsicherheiten über uns verraten

> Unsere Kinder sind wie Raketen, die wir mit all unserer Liebe auf ihre Umlaufbahn bringen.
> Ob sie sich bei der Startrampe bedanken, können wir nur abwarten.
>
> *Michael, 47, eine Tochter, ein Enkel*

Katja, 42, aus Hamburg:
»Mit 23 hätte ich sofort ein Kind von ihm gewollt, aber das war aus seiner Sicht finanziell nicht drin. Erst zehn Jahre später stand das Thema wieder im Raum. Diesmal war ich es, die überall die Probleme sah. In unserer unverbindlichen Beziehung. In meiner freiberuflichen Tätigkeit als Maklerin. In seinem Beruf als freier Journalist. In der kleinen Wohnung. Ein Jahr später sah unser Leben dann anders aus. Wir hatten geheiratet und eine größere Wohnung bezogen. Das Nest war da. Die Basis stimmte auch, weil mein Mann mittlerweile einen Festjob als Redakteur angenommen hatte. Er war bereit. Und ich? Ich wollte immer noch nicht. Ich war an unser kinderloses Leben gewöhnt und glücklich damit. Warum etwas ändern? Ihm ging es anders. Mit 39 Jahren fehlte ihm plötzlich die Erfahrung, Vater zu sein und eine eigene Familie zu gründen. Zuerst diskutierten wir noch ganz freundschaftlich, am Ende standen wir uns wie die Kampfstiere gegenüber. Ihm war klar, dass

er an der Spirale in meinem Bauch nicht vorbeikommen würde. Ohne mein Einverständnis würde es keine Kinder geben. Und nach endlosen Auseinandersetzungen gab er schließlich enttäuscht nach. Ich war erleichtert.

Im Laufe der nächsten Monate wurde mir langsam immer klarer, dass die Kinderfrage womöglich stärker war als unsere Liebe. Er zog sich zurück. Ich brauchte mich nur im Freundeskreis umzusehen, um zu wissen, wie viele Frauen in meinem Alter auf der Suche nach einem Mann wie ihm waren. Er war in den letzten Jahren immer attraktiver geworden. Ich würde nie einen besseren Partner finden als ihn, nie einen, den ich so lieben würde wie ihn. Ein Kind von dem Mann, den man liebt? Warum musste ich so lange darüber grübeln? Schließlich wagte ich den Schritt. Als ich ihm sagte, dass ich mich doch für ein Kind entschieden hätte, war er wie von einer großen Last befreit. Ich wurde schnell schwanger. Den Tag werde ich nie vergessen! Auf dem Esstisch stand ein Strauß mit fünzig langstieligen roten Rosen. Er war selig. Nur in meinem Kopf waren plötzlich wieder tausend Fragezeichen. War meine Entscheidung wirklich richtig gewesen? Ihm zuliebe ein Kind ... War ich von allen guten Geistern verlassen? Würde ich der Mutterrolle überhaupt gewachsen sein? War ich am Ende doch zu kalt vom Typ her? Würde ich mein Kind vielleicht nicht lieben? Konnte ich überhaupt zurückstecken? Was würde aus meinem Job werden? Was aus unserer Beziehung?

Mein Sohn wurde gleich nach der Geburt von einer

wild gestikulierenden Ärztin und einer erschrockenen Hebamme weggetragen, er hatte während der Geburt Fruchtwasser eingeatmet. In einer Blitzaktion brachten sie ihn mit dem Rettungswagen zur Säuglingsintensivstation einer anderen Klinik. Ich verwandelte mich nach den vierzehn Stunden Wehen in eine Wölfin, die ihr Junges mit Zähnen und Klauen verteidigen wollte. Ich hätte nie gedacht, dass ich so bin. Nach einer kurzen Dusche hetzte ich sofort mit meinem Mann im Auto meinem Baby hinterher. Wie es mir ging, war völlig gleichgültig. In meinem Kopf drehte sich alles um mein Kind. Zum Glück war es gesund!

Meine anfänglichen Sorgen während der Schwangerschaft kommen mir im Nachhinein komplett überflüssig vor. Ich glaube, wir sind irgendwie alle geborene Mütter, wenn wir erst ein Kind haben und wenn die Umstände uns nicht erdrücken. Vorher und Nachher haben wenig miteinander zu tun.«

Katja ist inzwischen Mutter von zwei Kindern.

Jeder Schritt in ein unbekanntes Land ist mit Ängsten verbunden, auch wenn dieser Schritt einer der natürlichsten Schritte der Welt ist. Sowohl die Entscheidung für Kinder als auch die Entscheidung für die Kinderlosigkeit ist von Ängsten und Zweifeln begleitet. Noch Anfang der achtziger Jahre kamen schätzungsweise nur fünf Prozent der Kinder geplant zur Welt. Heute ist es knapp die Hälfte. Die Möglichkeit der Planung, die freie Entscheidung ist relativ neu und bringt viele Fragen mit sich. Ob wir Angst um unseren weißen Veloursteppich haben, ob wir fürchten, nicht mehr im schicken Businesslook Latte Macchiato schlürfen zu können – darum geht es nicht. Die wahren Ängste sehen anders aus: Wird man es irgendwann doch bereuen, kinderlos geblieben zu sein? Bleibt einem da nicht etwas Einzigartiges vorenthalten? Macht Kinderlosigkeit die Persönlichkeit ärmer? Wird man ohne Kinder im Alter depressiv und einsam? Es gibt Beispiele kinderloser Frauen, die nicht gerade Mut machen. Aber jeder kennt auch abschreckende Beispiele überforderter Mütter. Sollte man lieber doch kein Kind bekommen? Wie wird sich mein Leben verändern? Bleibe ich eine eigenständige, selbstbewusste Person, oder bin ich, ehe ich mich versehe, eine unzufriedene Hausfrau, die sich nur noch über ihre Kinder definiert? Was, wenn der Mann mich irgendwann sitzen lässt, schaffe ich es auch allein? Was geschieht mit meinem Körper durch die Geburt und das Stillen? Kann ich überhaupt eine gute Mutter sein?

Wer selbst jüngere Geschwister oder andere Winzlinge betreut hat, weiß besser, was auf ihn zukommt und worauf er sich einlässt. Das Risiko des Unbekannten ist nicht ganz so groß und mit nicht ganz so vielen Ängsten verbunden. Jüngste Geschwister und Einzelkinder tun sich oft noch etwas schwerer mit dem Schritt auf die Elternseite. Die meisten von uns sind in Familien aufgewachsen. Und die meisten Mädchen sind durch ihre Puppen und zahlreiche Rollenspiele emotional auf ein Leben mit Kindern vorbereitet. Keine Kinder zu haben, heißt über viele Jahre *noch* keine Kinder zu haben. Kurz vor den Wechseljahren überfallt dann die meisten kinderlosen Frauen ein seltsames Gefühl: »Uupps, war es das jetzt?« Selbst viele Frauen, die schon seit Jahren nicht mehr an Kinder gedacht haben, müssen plötzlich schlucken. Erst nach den Wechseljahren beginnt das kinderlose Leben wirklich. Der endgültige Eintritt in die Kinderlosigkeit ist ein Neuland mit lauter offenen Fragen und lauter kleinen und großen Ängsten.

Zukunftsängste kennt jeder. Aber nicht jeden beuteln sie gleich stark. Ängste sind eine sehr persönliche Sache, so charakteristisch wie das eigene Aussehen. Wie sehr wir zu Ängsten neigen, hängt von den Erbanlagen ab, von der momentanen Lebenssituation und von unseren Erfahrungen. Ängste gehören zum Leben. Sie begleiten uns vom Beginn unserer Existenz im Mutterleib bis in den Tod. Die durchlebten Ängste und Triumphe werden gespeichert und in ähnlichen Situationen regelmäßig wachgerufen. Sie bleiben in unserer Psyche wirksam und sind wie alle starken Emotionen Teil der Energie, die uns antreibt, dieses zu tun und jenes lieber zu lassen. Im Laufe der Jahre geben uns unsere Ängste ein Gefühl dafür, wer wir sind, was wir mögen und was wir nicht mögen, was uns reizt und was uns abschreckt. Alle Menschen kennen Angst. Doch wovor wir Angst haben, kann je nach Persönlichkeit und Kultur stark variieren. Die Gefühle entstehen nicht aus dem Nichts. Sie sind an die kindlichen Erfahrungen und damit auch an die Erziehung geknüpft. In Ich-zentrierten Gesellschaften, in denen Eigeninitiative und Selbstverantwortung gefördert werden sollen, entstehen andere Ängste und andere tief empfundene Glücksgefühle als in Gesellschaften, in denen der Einzelne als Teil einer Gemeinschaft gesehen wird.

In unserer Gesellschaft gelten Ängste als dunkle Seite unserer Persönlichkeit, als Hemmschuh auf dem Weg ins Glück. Wir wissen zwar, dass sie uns manchmal vor Dummheiten bewahren und vor Gefahren schützen. Aber wir betrachten sie vor allem als etwas, das uns daran hindert, die Sterne vom Himmel zu holen und unser eigenes Leben so zu leben, wie es uns gefällt. Wir halten unsere Ängste für schlechte Ratgeber. Man weiß nie so genau, ob es sinnvoller ist, sie mutig zu überwinden oder ihrem zur Vorsicht mahnenden Rat zu vertrauen.

Um unsere Ängste zu überwinden, suchen wir nach wissenschaftlichen Erklärungen, die den Dingen ihren Schrecken nehmen, und manches Mal suchen wir auch Zuflucht in der Religiosität. »Wir versuchen, Gegenkräfte gegen die Ängste zu entwickeln: Mut, Vertrauen, Erkenntnis, Macht, Hoffnung, Demut, Glaube und Liebe«, schrieb der 1979 verstorbene Psychoanalytiker und Angstspezialist Fritz Riemann. Er beschrieb »vier Grundformen der Angst«, die uns noch näher beschäftigen werden: die schizoide Persönlichkeit, die depressive Persönlichkeit, die zwanghafte und die hysterische Persönlichkeit. Das klingt jetzt vielleicht verrückter, als es tatsächlich ist.

Wir möchten unsere Ängste überwinden. Und das ist gut so. Doch wir vergessen leicht, dass unsere Ängste auch den Weg zu unseren wahren Wünschen zeigen könnten, wenn wir sie besser kennen würden. In diesem Kapitel werden wir unseren Ängsten und Unsicherheiten auf den Grund gehen und versuchen, ihren Rat zu deuten. Wir werden dabei auch all die Wünsche und Befürchtungen streifen, die keine guten Gründe sind, um sich für oder gegen Kinder zu entscheiden.

Die meisten unserer Ängste entstehen in Krisensituationen, die alle Menschen durchleben müssen, wenn sie allmählich in eine Gesellschaft hineinwachsen. Adorno hat einmal gesagt, dass jede Sozialisation eine Abfolge von Schocks sei. Er war überzeugt davon, dass es keine Kindheit ohne Kindheitswunden geben könne, weil die Zeit des Erwachsenwerdens und Altwerdens zu lang sei, um einen Menschen ohne Blessuren davonkommen zu lassen. Keiner würde ihm da widersprechen. Erik H. Erikson entwickelte vor fünzig Jahren anhand von zahlreichen Biografien, Tiefeninterviews und aufgrund seiner jahrelangen Erfahrung als Psychoanalytiker die Theorie der acht großen Krisen, die wir in unserem Kulturkreis im Laufe unseres Lebens alle durchmachen müssen. Eriksons Erkenntnisse sorgten für Aufsehen und haben bis heute großen Einfluss. Das Buch kam 1971 auf den deutschen Markt und hat die Erziehung der heute 30-Jährigen entscheidend geprägt, jener Generation also, die heute vor der Entscheidung steht.

Die erste große Krise: Vertrauen und Sicherheit

Die erste Lebensphase dauert nach Erikson 15 Monate. In dieser wichtigen Zeit direkt nach der Geburt entscheidet sich, wie viel Urvertrauen ein Kind entwickeln kann. Urvertrauen in die Welt entsteht ganz automatisch, wenn das Kind eine stabile Beziehung zu den Bezugspersonen in seiner Umgebung aufbauen kann, wenn es von ihnen mit Nähe, Wärme und Geborgenheit versorgt wird. Das Erleben von Kontinuität und Konstanz liefert allen Neuankömmlingen ein erstes, schwach ausgebildetes Gefühl von Ich-Identität. Das Kind erfährt die äußere Welt als zuverlässig und berechenbar. Wird ein Kind dagegen viel allein gelassen, wird es seiner Umgebung mit Unsicherheit und Angst begegnen. Ein solches Kind wird immer einen Rest von Misstrauen mit sich herumschleppen, fand der Forscher heraus. In der Psychologie wird gern das Bild von Milch und Honig verwendet, um deutlich zu machen, dass es nicht nur auf Quantität, sondern auch auf Qualität ankommt. Fließt nur Milch, kann das Kind kein wirkliches Vertrauen entwickeln. Erst wenn mit der Milch der Honig fließt, wird ein Kind das Gefühl entwickeln, dass es gut ist, so wie es ist. Es braucht sich später nicht »wegzuhungern« oder sich eine »Schutzschicht« anzufressen.

Eriksons These über das Urvertrauen brachte damals eine Lawine ins Rollen. Die Mütter in den Industrieländern wurden von Experten und Möchtegern-Experten dazu verdammt, sich möglichst nie von ihren kleinen Kindern zu trennen, wenn sie ihnen in den ersten 15 Monaten keinen psychischen Schaden zufügen wollten. Studentinnen brachten ihre Babys mit in die Uni, Mütter schnallten sich ihr Kleines bei der Hausarbeit auf den Rücken, andere nahmen ihren Nachwuchs mit in die Oper, ins Schwimmbad und in den Flieger, was damals noch mit pikierten Blicken quittiert wurde. Die engagierten Mütter, die ihren Babys alles geben wollten, machten bald die Erfahrung, dass sie ihren hohen Ansprüchen nicht gewachsen waren. Wer Tag und Nacht wie ein ewiger Quell von Sanftmut und Hingabe kooperieren muss, wird nicht nur müde, sondern auch aggressiv.

Richtig an diesen Überlegungen war, dass kleine Kinder mehr als nur Nahrung brauchen und auf sich allein gestellt nicht überlebensfähig sind. Sie brauchen verlässliche Bezugspersonen, die ihnen das Gefühl geben, nie im Stich gelassen zu werden, was auch immer kommen sollte. Aber das muss keine Mutter allein schaffen. Auf die Auswahl der Betreuungspersonen, auf ihre Qualität und ihren Draht zum Kind kommt es an. Richtig an der Hysterie war auch, dass wir aus dieser ersten Krise schon viele Ängste und Unsicherheiten mitnehmen, die unsere ganz persönlichen Eigenarten entscheidend prägen. Sie erzeugen auch spezielle Ängste und Hoffnungen in Sachen Kinderwunsch. Je nachdem, wie wir diese erste, vielleicht wichtigste Krise überstehen, wie man uns behandelte, welche spezifischen Ängste wir erlebten, neigen wir später dazu, die Welt in einem bestimmten Licht wahrzunehmen. Diejenigen, die Urvertrauen entwickeln konnten, nehmen die Welt als freundlich wahr. Ihnen fällt die Entscheidung, ob sie ein Baby bekommen möchten oder nicht, deswegen nicht unbedingt leichter, aber Menschen mit Urvertrauen sehen ihrer Zukunft gelassen entgegen. Gleichgültig, ob die Entscheidung für ein Kind oder für ein kinderloses Leben ausgefallen ist, sind sie zufrieden mit ihrer Entscheidung und finden sich mit möglichen Enttäuschungen leichter ab. Ganz nach dem Motto: »Egal, was kommt, es wird sich schon alles zurechtlaufen.« Wer in dieser frühen Phase kein Urvertrauen entwickeln konnte, bleibt unsicher in seinen Entscheidungen, weil ihm die Welt aufgrund seiner inneren Gefühlslage feindlich gegenübersteht. Geht vielleicht im Job alles schief, sobald das Kind da ist, oder geht alles schief, wenn kein Kind kommt, weil die Chefin so kinderlieb ist? Geht die Partnerschaft in die Brüche, wenn ein Baby kommt oder wenn es nicht kommt?

Wer auf der Suche nach jenem ozeanischen Gefühl ist, das den Gegenpol zur Angst bei der frühesten Ich-Werdung darstellt, wird es jedenfalls nicht mit einem Baby finden. Ein Kind heilt keine Kindheitswunden. Es bringt auch nicht nur Harmonie ins Leben und schon gar nicht in eine abgekühlte Partnerschaft. Ein Kind kittet keine kaputte Beziehung. Es stabilisiert kein angeschlagenes Selbstwertgefühl und kompensiert keine Minderwertigkeitsgefühle. Sein Erscheinen auf der Beziehungsbühne spitzt die Konflikte in einer konfliktreichen Beziehung eher noch zu. Es ist selbst eine Persönlichkeit mit einem eigenen Willen. Es hat auch zuallererst seine eigenen Bedürfnisse im Kopf. Bleiben wir realistisch, auch wenn wir unsicher sind. Wir können mit unserem Baby im Arm nicht den Konflikten und Situationen aus dem Weg gehen, denen wir uns nicht gewachsen fühlen. Ein Kind macht das Leben selten leichter, es erlöst uns auch nicht von unseren eigenen Konflikten.

Das Urvertrauen, das wir Erikson zufolge dringend brauchen, haben wir fast alle in Ansätzen aufbauen können, aber eben nicht immer voll und ganz. Jeder kennt das Gefühl, dass die eigene Existenz zu schwanken scheint. Und weil das so ist, bietet unsere Gesellschaft uns etwas an, um alle diejenigen sinnvoll einzubinden, die kein Urvertrauen entwickeln konnten. In primitiven Kulturen übernahm die kollektive Magie diese Aufgabe, sie bändigte die böse Natur durch vorgegebene Rituale. Auch Religionen wie das Christentum geben Antworten auf die menschlichen Zweifel, fördern Geborgenheit und Vertrauen, Liebe und Versöhnung. Die Gläubigen teilen das Gefühl, »klein« zu sein und auf Gott zu vertrauen. Der Glaube gibt die Kraft, das Böse zu bannen. In ähnlicher Weise können auch soziale Tätigkeiten, die Mitgliedschaft in einer Organisation oder einer Partei für Bindungen sorgen und das Misstrauen dieser frühen Phase überwinden helfen. Heilrezepte gegen das allgemeine Urmisstrauen gibt es nicht. Es gibt aber das Wissen, dass diese Ängste aus den eigenen Kindheitserfahrungen stammen und nichts mit der Zukunft zu tun haben. Sie speisen sich aus dem tief empfundenen Gefühl, sich nie so ganz sicher in dieser Welt zu fühlen.

Wenn wir uns die ersten Monate unseres Lebens genauer ansehen, kommen wir auch zu den ersten beiden Grundformen der Angst, die Fritz Riemann beschrieben hat, zur schizoiden und zur depressiven Persönlichkeit. Ich habe sie Distanzsucher und Nähesucher genannt und kurz zusammengefasst, welche Ängste und Konflikte die beiden Persönlichkeitstypen in der Kinderfragen entwickeln können.

Die Distanzsucher

Ein Baby, das in eine Familie hineingeboren wird, die sein Bedürfnis nach Ruhe nicht erfüllt, schützt sich selbst vor Reizüberflutung, indem es zwischen sich und den anderen immer wieder Distanz zu legen versucht. Jedes Kind sucht Nähe. Es braucht aber auch Raum, um seinen Eigenimpulsen folgen zu können. Wenn Eltern und Geschwister, Omas und Opas, Freunde und Verwandte das Kind ständig mit sich herumschleppen, sich immer mit ihm beschäftigen und es zum Mittelpunkt ihres ganzen Interesses machen, dann kann das manchen Kindern leicht zu viel werden. Die »dünnhäutigeren« Kleinen reagieren verängstigt, wenn andere dauernd in ihr Leben stürmen. Sie fürchten sich davor, überrannt, dominiert und überfremdet zu werden, weil sie unter dem permanenten Dauerstress nicht dazu kommen, sie selbst zu sein. Sie wollen nicht damit konfrontiert werden, auf andere eingehen zu müssen, sie wollen nicht abwehren müssen, nicht vermitteln, sich nicht mit den aufdringlichen Fremden beschäftigen. Deshalb verschließen sich die Menschen mit solchen »schizoiden Tendenzen« auch ängstlich, sobald andere sich zu intensiv und zu besitzergreifend mit ihnen beschäftigen wollen.

Wenn die kleinen Distanzsucher erwachsen sind, mögen sie sich nicht binden, mögen nicht abhängig, festgenagelt und gezwungen werden. Ihre distanzierte Kühle und ihr Zynismus sind zusätzliche Schutzmechanismen, um ein Zuviel an Nähe zu verhindern. Der Nachteil: Distanzsucher öffnen sich schwerer als andere, weil sie wenig Übung darin haben, anderen nahe zu sein. Beim Flirten und Kennenlernen sind sie kühl und zurückhaltend. Die Aufregungen und das Getue um die Liebe interessieren sie nicht so brennend. Statt auszugehen, vergraben sie sich lieber in ihren Büchern, tüfteln am Computer oder gehen anderen Hobbys nach. Trotzdem möchten auch sie nicht immer nur im Abseits stehen. Sie kennen und fürchten ihre eigene Isolation. Aber die Furcht, für ein bisschen Nähe und Geborgenheit zu viel von sich aufgeben zu müssen, bleibt riesengroß. Ihre Pluspunkte sind: Aus der Distanz beobachtet es sich gut. Sie haben ein Gespür für die Schwächen anderer. Sie erkennen deren Machtspielchen oft besser als die, die sie selbst spielen. Ihr größter Vorteil aber ist das starke Ich, das sie der Welt entgegensetzen können. Sie fühlen sich nicht so leicht klein und schwach, sondern stark genug, die Welt zu verändern. Ihre Selbständigkeit und Unabhängigkeit sind oft beeindruckend. Sie haben eine scharfe Beobachtungsgabe, einen kritischen, unbestechlichen Blick. Dogmen und Traditionen können sie nicht einengen. Sie wissen selbst, wo sie stehen und lassen sich nicht reinreden.

In der Kinderfrage entwickeln Distanzsucher ganz bestimmte Ängste, die mit dieser Art früher Ich-Werdung zusammenhängen. Sie haben die größte Angst vor Fremdbestimmung und die größte Angst davor, ihre Freiheiten aufgeben zu müssen. Sie entscheiden sich aus diesem Grund manchmal auch gegen ein Kind. Ihre Hoffnung ist aber auch, mit einem Kind nicht in die Isolation abzudriften, in die sich die Distanzsucher zwar freiwillig flüchten, die ihnen aber als Problem durchaus bewusst ist. Wer diese Ängste kennt, weiß: Sie sind nicht aus der Luft gegriffen. Innerlich Zerrissenen, die wissen, dass genau hier ihr Konflikt liegt, hilft praktische Erfahrung. Wir wissen zwar nie, wie das Kind sein wird, das wir zur Welt bringen, aber Erfahrungen, etwa durch Babysitten, bringen schon etwas mehr Klarheit in die theoretische Überlegung.

Wird das Kind von seiner Familie aus lauter Liebe aufgefressen, verzärtelt und verwöhnt, aber bei Fehlverhalten mit Liebesentzug bestraft, entsteht eine Verstrickung, in der sich ein kleines Kind manchmal nicht mehr richtig bewegen kann. In einer verschlingenden und gleichzeitig auf Wohlverhalten aufgebauten Liebe darf ein Kind seine eigenen Ellenbogen und sein eigenes Ich nicht entwickeln. Protestgeheul und Verweigerung werden mit Liebesentzug bestraft. Lächeln mit Küsschen belohnt. So wird die Eigeninitiative von Anfang an im Schuldgefühl erstickt, während Anpassung belohnt wird. Das Motto der Nähesucher ist deshalb auch, das eigene Ich hintanzustellen und sich ganz und gar um das Du zu kümmern. Etwas Ähnliches passiert auch, wenn ein Baby aus Unsicherheit und mangelnder Einfühlung strikt nach Programm versorgt wird, wenn es sich zu früh an Lebensbedingungen anpassen muss. Dann resigniert es, weil es seine eigenen Bedürfnisse nicht artikulieren kann. Es lernt dann später schwerer, sich auszudrücken, weil es das Zurücknehmen so gut trainiert hat, dass es sein zweites Ich geworden ist.

Alle Nähesucher haben in der Liebe und im Leben feine Antennen für das, was andere mögen. Anders als die Distanzsucher können sie sich gut in andere einfühlen. Allerdings nur, solange die Basis von Wertschätzung und Zuneigung da ist. Wenn ihr Gegenüber auf Distanz geht, geraten sie leichter als andere in Panik und verlieren in ihrer Verzweiflung jedes Maß. Nähesucher machen sich von der Sympathie anderer abhängig. Das Du wird erhöht und auf ein Podest gestellt, das eigene Ich in den Staub getreten. Die Wünsche des Du werden zum Lieblingsthema, das stundenlang gewälzt und von allen Seiten betrachtet werden kann. Die hohen Ansprüche an das eigene Ich werden dabei nicht selten auf den anderen projiziert. Die Nähesucher brauchen den anderen, um lieben zu können. Sie lösen sich in ihren Fantasien vor lauter Bewunderung und Hingabe am liebsten auf. Die Abhängigkeit vom Gefallen ist enorm. Denn in der Anpassung lag ihre einzige Chance, überhaupt geliebt zu werden. Das große Thema derjenigen, die Nähe suchen, ist die Angst vor dem Verlust des geliebten Objekts. Der Pluspunkt der Nähesucher ist ihr feines Einfühlungsvermögen, ihre Lust, den anderen zu verwöhnen, ihre Fähigkeit zur Hingabe. Ihr zentrales Problem ist das schwache Ich, mit dem sie der Welt entgegentreten. Sie sehen überall nur Forderungen auf sich zukommen, vor denen sie verzweifelt resignieren, weil sie es am liebsten allen recht machen wollen. Sie fühlen sich nicht autonom, nicht stark genug in einer Welt, in der sie sich keinen Raum nehmen wollen.

In Bezug auf den Kinderwunsch heißt das, Nähesucher haben Angst vor Überforderung und Auflösung des eigenen Ich, das sie zwar einerseits verzweifelt suchen, vor dem sie sich aber auch fürchten, weil sie damit fast alle schlechte Erfahrungen gemacht haben. Sie haben Angst davor, sich zum Sklaven ihres Babys zu machen, weil sie ihr Ich zurückstellen und das Du zum Sinn ihres Lebens machen. Und sie fürchten vielleicht auch, dass die Partnerschaft leidet, wenn ein Kind da ist. Ganz unbegründet sind diese in Therapien geäußerten Ängste nicht. Aber viele Ängste erweisen sich als normale Reaktion und gehören wie bei den Distanzsuchern zum Prozess der Umstellung. Wenn ein Nähesucher sich nur ein Kind wünscht, damit er jemanden hat, der ein Leben lang zu ihm gehört, ist das natürlich ein schlechtes Motiv. Enttäuschung ist da vorprogrammiert.

Jeder von uns hat eine Dosis vom Nähesucher und eine vom Distanzsucher in sich. Aber fast jeder neigt mehr zu einem der beiden Prototypen. So wie beim Urvertrauen und Urmisstrauen. In den patriarchalischen fünfziger und sechziger Jahren verwöhnten Mütter ihre kleinen Jungs mehr und in anderer Weise als ihre kleinen Mädchen. Beim Jungen wurde mehr Wert auf Persönlichkeit gelegt. Beim Mädchen mehr Wert auf Anpassung. Deshalb gehören die 50-jährigen Männer von heute häufiger zu den Distanzsuchern, während die gleichaltrigen Frauen oft typische Nähesucher sind. Das hat sich im Zuge der voranschreitenden Demokratisierung unserer Gesellschaft und der veränderten Erziehungsmethoden weg vom Zeittakt hin zur liebevollen Rund-um-die-Uhr-Betreuung grundlegend verändert. Frauen, »die zu sehr lieben«, wie das Phänomen der Ich-auflösenden Liebe der verzweifelten Nähesucherinnen genannt wurde, sind in den jüngeren Generationen zwar nicht ausgestorben, aber die Probleme haben sich in Richtung der Distanzsucher und der Angst vor Isolation verschoben. Frauen gehen innerlich inzwischen lieber auf Distanz und haben mehr Angst als früher davor, überrannt und dominiert zu werden.

Unsere Ängste haben alle ihre guten Gründe. Es gibt ihn immer, den logischen Faden in unserer Entwicklung. Deshalb habe ich in diesem Kapitel die verschiedenen Phasen unseres Lebens zum Mittelpunkt gemacht. Ich habe mein Interview mit Katja an den Anfang gestellt, um zu zeigen, dass viele unserer Ängste durchaus zu einem normalen Entscheidungsprozess dazugehören, der weitreichende Folgen für uns und andere hat. Nicht alle Ängste lösen sich ein, und nicht alle Hoffnungen werden zerstört. Es ist wichtig, sich selbst genau zu kennen, um zu der Entscheidung zu kommen, die am besten zur eigenen Persönlichkeit passt. Die meisten Mütter sind sofort total vernarrt in ihre Babys und überwinden manche Hürde, die vorher unvorstellbar groß schien. Sie schwanken anfangs zwischen Erschöpfung und Euphorie, aber der Duft der zarten, weich gepolsterten Körper, die Berührung der winzigen Finger, die ersten Regungen des kleinen Gesichts sorgen dafür, dass Mütter und Väter durch keine Macht der Welt von ihren Säuglingen wegzulocken sind, und alles für sie tun würden. Das Gefühl, dass Nähe schön ist, entsteht durch das Zusammenspiel vieler Hormone und durch den Brutpflegeinstinkt, der in uns allen angelegt ist. Wie wir als Mutter sind, können wir ahnen, aber wir wissen es nicht. Die Mutterschaft erfindet uns neu und entfaltet neue Seiten an uns. Viele Frauen sind selbst überrascht, wie überwältigend ihr »Mutterinstinkt« ist, wie gern sie ihren Nachwuchs einfach nur anschauen möchten und wie viel Glück sie dabei empfinden.

Manchmal kann es allerdings passieren, dass eine Frau enttäuscht ist, dass der Stress viel zu oft die Freude erdrückt und sich die Harmonie nicht einstellen will, von der sie geträumt hat. »Beim ersten Kind habe ich noch gedacht, ich bin die allerbeste Mutter der Welt. Meine erste Tochter hat es mir leicht gemacht. Überforderte, meckernde Mütter hielt ich für inkompetent und nervenschwach. Bei meiner zweiten Tochter war es schon nicht mehr so leicht, und bei meiner dritten kam ich mir vor, wie die hilfloseste Mutter der Welt«, verriet mir eine Bekannte, als ich sie nach Jahren wiedersah. Es ist normal, wenn Muttergefühle über die Millionen von Situationen hinweg nicht immer positiv und engelsgeduldig sind, weil Kinder nicht nur süß, sondern auch fordernd sind. Wir wissen, dass Müttern der Kragen platzen kann. Wichtig ist, wie wir damit umgehen. Wir können uns für das Gute entschließen, und was das Gute ist, wissen wir meist, ohne dass wir lange darüber diskutieren müssten. Resignation, Gewaltanwendung und Liebesentzug sind es sicher nicht. Nicht gegen das Kind und nicht gegen uns selbst. Gegen Überforderung sind andere Kräuter gewachsen. Sich den Konflikten ohne Peinlichkeit und ohne Schuldgefühle zu stellen, sich Hilfe zu holen, sich zu informieren und sich Entlastung zu verschaffen – darauf kommt es an.

Kindesmisshandlungen kommen leider häufiger vor, als wir es wahrhaben wollen. Eine Mutter, die ihre Kinder schlägt, muss es selbst schwer gehabt haben, glaubten Wissenschaftler vor dreißig Jahren. Aggressives Verhalten von Müttern wurde mit ungünstigen Sozialisationsbedingungen erklärt, etwa mit der Erfahrung, selbst geschlagen worden zu sein. Bald kamen neue Forschungsergebnisse hinzu. Von Stressoren wie Armut, Arbeitslosigkeit, beengten Wohnverhältnissen und Scheidung war die Rede. Neuere Studien beziehen noch eine dritte Variable ein: die Persönlichkeit des Kindes. Auch wenn sich viele Mütter und Väter nicht vorstellen können, dass sie ihrem Kind je etwas Böses antun könnten, gibt es Kinder, die leichter irritierbar sind als andere und schwerer zu beruhigen, die später stärker als andere zu Ungehorsam und asozialem Verhalten neigen und mit denen die Mütter nicht so leicht fertig werden. Die Eltern sind das Schicksal ihrer Kinder. Aber die Kinder sind auch das Schicksal ihrer Eltern. »Ein Kind, das durchschläft, steigert die Liebe enorm«, heißt es. Der Kontakt zwischen Mutter und Kind ist ein Kontakt zwischen zwei Persönlichkeiten.

Eine Frau, die sich ein Kind wünscht, kann im Grunde jedes Baby lieben. Eine Frau, die dagegen die Bereitschaft zur Mutterschaft nicht mitbringt, lernt womöglich nicht einmal, ihr eigenes Kind zu lieben. Das passiert glücklicherweise nur selten. Eine starke Ablehnung überfällt keine Frau wie aus heiterem Himmel. Eine solche Reaktion hat immer eine konfliktreiche Vorgeschichte, die in der Vergangenheit der Mutter liegt und in ihrer eigenen Lebensgeschichte, die meist von Gewalt, Lieblosigkeit, Angst und Überforderung geprägt war.

Der Babyblues trifft ungefähr jede zehnte Frau. Früher hat man angenommen, dass ambivalente Gefühle dem Kind gegenüber hinter der Traurigkeit im Kindbett stecken würden. Der Mutter wurde die heimliche Ablehnung ihres Kindes eingeredet, damit sie ihren Ambivalenzen auf die Spur kommen konnte. Heute werden in der Fachliteratur auch so genannte Laktationsaggressionen dafür verantwortlich gemacht, wenn eine Mutter ihr Kind nicht gleich nach der Geburt annehmen kann. Sarah Hrdy hebt in ihrem Buch »Mutter Natur« hervor, dass Aggressionen nach der Geburt früher nützlich waren. Jede Gebärende brauchte sie in der Wildnis, um ihr frisch geborenes Kind vor wilden Tieren zu beschützen. Wenn der körpereigene Verteidigungsschutz zwar ausgeschüttet, aber nicht gebraucht wird, kann er sich ungünstig auf die Psyche der Mutter auswirken.

Die zweite große Krise: Selbstbeherrschung und Willenskraft

In dieser zweiten großen Krise unseres Lebens, die einen weiteren wichtigen Wendepunkt im logischen Verlauf unserer Persönlichkeitsbildung markiert, geht es um Kontrolle, Macht und Besitz. In dieser Phase entsteht die dritte Grundform der Angst, die Fritz Riemann die zwanghafte Persönlichkeit genannt hat. Wenn ein Kind auf eigenen Beinen zu laufen beginnt, steht es ständig unter Strom. Seine Fähigkeiten erweitern sich enorm. Fast jeden Tag kommt eine Premiere hinzu. »Lass mich das machen! Das kann ich schon!«, wird sein Motto. Wenn es dann doch nicht gelingt, das Schuhband allein zuzubinden, sind Trotzanfälle und Tränen der Enttäuschung vorprogrammiert. In dieser Phase lernt das Kind, sich halbwegs allein anzuziehen, es fängt an, Dreirad zu fahren und tagsüber ohne Windeln zu laufen. Das Kind braucht jetzt die Bestätigung, dass das, was es tut, eine gute Leistung ist. Die kleinen Mädchen und Jungs sind dabei äußerst kritisch. Sie spüren, wenn Erwachsene oder andere Kinder ihre Leistungen nicht achten, sondern »toll« sagen, ohne überhaupt richtig hinzusehen.

Wird ein Kind ermutigt und bekommt Aufgaben gestellt, die es bewältigen kann, lernt es, Risiken einzugehen und Herausforderungen anzunehmen. Wird es überfordert, bleibt ein Gefühl von Scham und Zweifel den eigenen Fähigkeiten gegenüber zurück. Ein Kind, das in dieser Phase lernt, dass alles auf der Welt in einer ganz bestimmten Weise getan werden muss und vieles verboten ist, was es reizvoll findet, entwickelt die Vorstellung, dass es für alles nur eine zulässige Art gibt. Geliebt zu werden ist diesmal nicht durch Anpassung, sondern durch Leistung zu erreichen. Fehler werden im Allgemeinen nicht verziehen und dem Kind lange aufs Brot geschmiert. So meidet es neue Herausforderungen. Neue Probleme anzugehen, bedeutet für dieses Kind, die einzig richtige Strategie finden zu müssen, um das einzig Richtige tun zu können. Ein Kind, das ständig Angst hat, etwas falsch zu machen und dafür getadelt oder gehänselt zu werden, entwickelt einen Hang zum Perfektionismus und schreckt vor Neuem zurück.

Wir wissen, dass die Welt immer im Fluss ist, dass sich alles verändert. Die Veränderung aufhalten zu wollen, ist ein sinnloser Wunsch. Und doch haben manche von uns große Ängste vor neuen Herausforderungen und ein starkes Bedürfnis nach Sicherheit. Vorsicht, Voraussicht, Planung, das sind die positiven Eigenschaften, die aus den Unsicherheiten in dieser Phase entstehen können. Zaudern, Zögern, Aufschieben, Mutlosigkeit und Unentschlossenheit sind die andere Seite. Zu groß ist die Angst vor den Gefahren der Spontaneität, zu groß die Angst, sich zu etwas hinreißen zu lassen, was man hinterher bereuen könnte. Denn haben sich die Zögerlichen erst einmal entschieden, können sie meist nicht mehr zurück, ihre Entscheidung hat etwas Endgültiges und Unwiderrufliches. In der Liebe sind Menschen, die in dieser Phase größere Unsicherheiten entwickelt haben, auf Kontrolle aus. Bewusst und unbewusst möchten sie am liebsten das ganze Zusammenleben reglementieren und festlegen, weil sie das Chaos und ihre Gefühle unter Kontrolle bekommen wollen. In der Sexualität sind sie leistungsorientiert und nicht selten von Ritualen abhängig. Vorher duschen, parfümieren, aufräumen, das Bett frisch beziehen, das Schlafzimmer heizen und Kerzen aufstellen. Alles muss bis ins Kleinste geplant und vorbereitet sein, das gibt Sicherheit. Menschen mit »zwänglerischen Zügen« können sich nicht leicht fallen lassen. Leidenschaft ist nicht ihre Stärke. Aber Zuverlässigkeit, Treue und das Gefühl, dass sie voll und ganz zu ihrer Liebe stehen, macht sie zu verlässlichen Partnern, die mit dem Menschen an ihrer Seite durch Dick und Dünn gehen.

In Krisen sind sie wenig nachgiebig, selbst wenn sie im Unrecht sind. Sie neigen zum pedantischen Aufrechnen und dazu, sich von der öffentlichen Meinung abhängig zu machen. Was man sagt, was man tut, wird zum Maßstab, denn es gibt Halt. Seit der autoritäre Vater aus der Mode gekommen ist, sind diese Ängste nicht mehr so verbreitet. Sie entstehen vor allem dann, wenn die Eltern Furcht einflößende Respektspersonen sind, die auch ohne Argumente immer Recht haben.

Wer mit Scham und Zweifel zu kämpfen hat, steht sich oft selbst im Weg auf der Suche nach der ultimativ richtigen Entscheidung. Er neigt leicht dazu, sich zu etwas zu zwingen, was ihm das Richtige zu sein scheint, was er aber eigentlich gar nicht will – sei es zur Mutterschaft oder zur Nicht-Mutterschaft. Für eine Nicht-Mutter bedeutet das, dass sie mit Perfektionswut und Kontrollzwang Ersatzventile sucht, um Autonomie vorzutäuschen, während eine Mutter sich mit Perfektionswut und Kontrollzwang in die Aufzucht ihrer Kinder, ihren Haushalt und ihre Karriere stürzen kann, um Scham und Zweifel in Schach zu halten. Wer merkt, dass er sich von einem Baby Macht und Kontrolle über sich und andere verspricht, sollte diese Verantwortung seinem kleinen Kind nicht auf die schmalen Schultern bürden. Das mit der Kontrolle klappt nicht.

Gegen Scham und Selbstzweifel gibt es kein Patentrezept. Aber wer seine Ängste und Eigenarten kennt, kann sich leichter dazu entschließen, locker zu lassen. Was andere für richtig halten und welchen Konkurrenten man mit einem Kind oder mit der eigenen Kinderlosigkeit aus dem Feld schlagen kann, darf uns in der Kinderfrage nicht interessieren. Was man selbst im Hier und Jetzt für richtig hält, das ist die eigentliche Frage. Ob dann alles so klappt, wie man sich das vorgestellt hat, ist wieder etwas anderes. Es geht nicht ums Richtig oder Falsch, nicht um die Beherrschung von Chaos und nicht um die Angst vor neuen Erfahrungen. Je mehr wir etwas festhalten wollen, desto mehr erliegen wir der Angst, dass uns alles entgleitet. So sind die Regeln. Legen wir unsere Perfektionslust ab und tun wir das, was wirklich wichtig ist!

Die dritte große Krise: Initiative und Zweckhaftigkeit

In der nach Erikson dritten großen Krise unseres Lebens findet sich die vierte Grundform der Angst nach Riemann wieder: die hysterische Persönlichkeit. Gegen Ende der Vorschulzeit kann das Kind schon wesentlich gelassener die Initiative ergreifen. Es ist jetzt mehr es selbst und weniger getrieben und frustriert. Es kann Unternehmungen planen und gezielt angehen und mögliche Misserfolge ohne Wutausbrüche wegstecken. In dieser Phase wird ein besonders harter Kampf ausgefochten, weil diese Stufe den Eintritt des Kindes in die Rollenwelt der Erwachsenen markiert. Es geht um Eroberung, Eifersucht und Rivalität. In ihren Fantasien erobern die Kinder als Riesen, Elefanten oder Tiger die Welt. In ihren Alpträumen rennen sie hilflos ums nackte Überleben. In dieser Phase wird der Ödipuskomplex ausgefochten, die Liebe zur Mutter und zum Vater, die Eifersucht, die Enttäuschung und die Wut, diesen Eroberungsfeldzug nicht gewonnen zu haben.

Die mahnende Stimme des Gewissens wird auf dieser Stufe aufgebaut und in die Persönlichkeit integriert. Einige Kinder geben sich über-brav, andere über-souverän und großtuerisch, obwohl sie sich eigentlich manchmal viel lieber in einem Mauseloch verkriechen würden. Vorher war das Kind immer bereit, auf andere Erwachsene und Kinder zuzugehen und von ihnen zu lernen, nun ist es mit der Offenheit vorbei, weil jetzt durch das

Über-Ich moralisch gefärbte Hemmungen aufgebaut wurden, die vorher nicht da waren.

Wer in dieser Phase als kleines Mädchen und kleiner Junge Probleme hatte, fühlt sich als Erwachsener magisch vom Risiko angezogen. Gewinn und Verlust, Sieg und Niederlage – das ist es, was zählt. Damit ist eine Angst verbunden, die auch wieder fast alle in Ansätzen von sich und anderen kennen. Es ist die hysterische Angst. Menschen mit einer hysterischen Seite lieben die Veränderung und die Freiheit. Sie bejahen alles Neue, sind risikofreudig und sehen der Zukunft offen entgegen. Sie haben eine schillernde, lebendige Persönlichkeit, die es ihnen möglich macht, offen auf andere zuzugehen. Angstfrei und aufgeschlossen wirken sie so, als wüssten sie ganz genau, was sie wollen. Jeder Impuls, jeder Wunsch, jede Regung muss allerdings sofort befriedigt werden. Ein Aufschub ist unerträglich. Sie brauchen Anregungen, und sie wirken anregend auf andere. Aber selbstlos ist ihr Verhalten nicht. Sie brauchen die anderen zwar nicht fürs Überleben, aber sie brauchen ihre Bewunderung, um sich darin zu spiegeln.

Dass diese Stärken der Menschen mit »hysterischen Zügen« auch ein großer Nachteil sein können, hängt damit zusammen, dass manche Kinder die Erfahrung machen, dass sie für ihr Wesen geliebt werden, ohne dafür Leistung zu bringen. In dieser Phase muss sich ein Kind aus seiner magischen Märchenwelt und von all den unbegrenzten Möglichkeiten verabschieden und sich den Realitäten stellen. Einsicht und Vernunft erwarten wir von einem Kind im Vorschulalter. Aber um zur Einsicht zu kommen, brauchen Kinder überzeugende und mitreißende Vorbilder in der Erwachsenenwelt. Kinder in diesem Alter wollen einfach alles wissen, und sie wollen ernst genommen werden. In einer widersprüchlichen, chaotischen Erwachsenenwelt, in der sie mal wie ein Baby, mal wie ein frühreifer Erwachsener behandelt werden, fällt ihnen die Orientierung schwer. Statt Ausdauer und Realismus entwickeln sich Rollenunsicherheiten und Arroganz.

Gelingt es einem Kind nicht, in der Erwachsenenwelt einen Platz zu finden, bleibt es lieber in seiner Fantasiewelt. Es träumt weiter und redet lieber von großen Plänen, als etwas zu unternehmen, um diese Ziele auch zu erreichen. Ihnen fehlt die Motivation. Ihnen fehlt der Weg zum Ziel. Aber sie können andere in Bewegung setzen. Ihr Problem ist, dass sie ihre Identifikation als Erwachsene nicht gefunden haben. Sie wissen, wie sie anderen mit ihrem Temperament gefallen können, aber sie wissen nicht, wer sie wirklich sind. Sie benutzen nur irgendwelche Rollenvorbilder. Gern auch rebellische, aber wer sie in der Realität sind, ist ihnen fremd. Sie möchten mehr sein, und sie treten auch so auf. Aber innerlich fühlen sie sich nicht selten ziemlich klein. In der Liebe brauchen sie den anderen, um sich in seinen Augen zu spiegeln. Ihr Narzissmus, ihre Eigenliebe ist immer auf der Suche nach Bestätigung. Sie suchen nicht die Verschmelzung, nicht die Distanz, nicht die Kontrolle, sondern das Abenteuer und intensive Erlebniskicks. Sie lieben Glanz und Glamour und die Unternehmungen der großen Welt. Treue ist ihnen nicht so wichtig, aber sie entschädigen mit ihrem Charme und ihrer Intensität dafür.

Als Mutter und Vater neigen sie dazu, ihre Kinder selbst zu Vorführkindern zu erziehen. Wie sie selbst durch Überforderung in Rollen geschoben wurden, schieben sie nun ihre Kinder in Rollen, die ihren Glanz vermehren sollen. Man möchte aktiver sein, durchsetzungsfähiger. Ein glamouröses Kind in die Welt zu setzen demonstriert Stärke. Solche Überlegungen hat nun wirklich niemand nötig. Die Aufgabe lautet: Raus aus der Traumwelt, rein in die erwachsene Entscheidung. Wer bin ich wirklich? Mache ich mich vielleicht vom äußeren Glanz abhängig oder projiziere die eigenen Wünsche auf ein Kind? Wir wollten doch nie eine Eislauf- oder Tennismutti werden, nur damit unser Kind unsere Träume lebt. Kinder haben ihre eigenen Träume.

Die vierte große Krise: Methode und Können

In fast allen Kulturen werden die Kinder zwischen dem sechsten Lebensjahr und der Pubertät systematisch unterrichtet, um sie auf ihre Aufgaben als Erwachsene vorzubereiten. In unserer Schule steht ein ganzer Fächerkanon auf dem Programm. Einige Kinder erleben in dieser Zeit einen Bruch in ihrer Entwicklung, weil das Familienleben sie nicht genügend auf die Schule vorbereitet hat oder weil ihre Zensuren nicht dem entsprechen, was ihre Intelligenz vorher hoffen ließ. Mangelndes Selbstwertgefühl oder ein Gefühl des Versagens sind die Folgen, wenn die anderen besser abschneiden. Das persönliche Wachstum in dieser Krise besteht darin, ein angemessenes Vertrauen in die eigenen Leistungen aufzubauen.

Die Ängste aus dieser Krise gehen schon weniger tief. Sie kreisen um die Furcht, mit den falschen Leuten zusammenzusitzen, den richtigen Zug zu verpassen, nicht die richtigen Informationen eingeholt zu haben. Es hilft, sich zu sagen, dass es gleichgültig ist, ob Julianne Moore, Liz Hurly und Steffi Graf ihre Erfolge mit einem Baby gekrönt haben und dass es ebenso gleichgültig ist, ob die beste Freundin kinderlos ist und in der Welt umherreist. Ein Kind ist kein Mittel, um sich zu einer Gruppe zugehörig zu fühlen. Es ist auch keine Verpflichtung, die man gegenüber seinen Eltern oder Schwiegereltern hat, selbst wenn sie dringend einen Erben brauchen. Es mag schon sein, dass wir damit bei ihnen mehr Akzeptanz fänden. Denn nichts verbindet die Generationen intensiver miteinander als ein Kind. Aber die Forderungen hören mit der Geburt nicht auf. Das Kind muss mit einem Jahr laufen können, mit zwei Jahren ohne Windeln ins Bett gehen und später in der Schule nur Einsen schreiben. Es ist an der Zeit, den eigenen Weg zu gehen, statt sich vom Urteil anderer abhängig zu machen.

Die fünfte große Krise: Identität und Rollenfindung

Die Pubertät macht aus selbstbewussten Kindern verwirrte junge Erwachsene. Die enorme äußere und innere Veränderung bringt die großen Kinder aus dem Tritt. Wer bin ich jetzt? Wie sehe ich aus? Wie finden mich die anderen? Jugendliche sind vor allem daran interessiert, wie sie auf andere wirken. Der Jugendliche baut sein neues Selbstbild aus vielen Facetten auf. Aus seinem Geschlecht, seiner familären Herkunft, seinen moralischen Werten, seiner politischen Orientierung und seinen beruflichen Zukunftsvorstellungen. Daraus setzt er seine Persönlichkeit zusammen, die seine neue Identität als junger Erwachsener ausmacht. Um seine Identität zusammenzuhalten, überidentifiziert er sich mit seinen Helden und schwärmt für sie. Er projiziert sein durcheinander geratenes Bild von sich auf andere. Und erkennt in der Spiegelung langsam sich selbst.

Jugendliche können hilfsbereit und aufopfernd zu den Gleichaltrigen sein, die sie mögen, und grausam zu denen, die sie ablehnen. Nuancen sind entscheidend. Die falsche Jeans. Die falsche CD. Der falsche Wohnort. Und aus ist es mit der Sympathie. Die Anerkennung von Gleichaltrigen, Ausschluss und Treue sind die Themen, die Jugendliche beschäftigen. Gelingt ihnen das feine Austarieren ihrer eigenen Identität nicht richtig, kommt es zur Rollenkonfusion und zu Unsicherheiten in Bezug auf Werte und Hoffnungen. Ziele werden instabil, Überzeugungen einseitig und oberflächlich.

In der Kinderfrage heißt das: Babys stiften keine Identität. Wer sich auf diese Weise Anerkennung erhofft, wird enttäuscht werden. Aus dieser Phase entspringen die Ängste einer Nicht-Mutter, ohne Kinder keine richtige Frau zu sein und das Schuldgefühl, den Eltern keine Enkel geschenkt zu haben. Manche Mütter plagen sich derweil mit Schuldgefühlen herum, nicht das richtige Kind geboren zu haben, um auf Anerkennung in der Familie zu stoßen. Stehen wir lieber zu unserer Eigenart und zu der unsere Kinder, wenn wir welche haben.

Die sechste große Krise: Bindung und Liebe

Die sechste Lebensphase ist die Zeit der ersten sexuellen Kontake. Intime Beziehungen stabilisieren die Persönlichkeit. Sie sorgen dafür, dass der Mensch vom Sexuellen weniger besessen ist, dass er Liebe und Arbeit in Harmonie bringen kann. Damit ist nicht nur die sexuelle Ebene gemeint, sondern auch die Fähigkeit, ein »Wir-Gefühl« mit dem Menschen aufzubauen, den man liebt. Und die Fähigkeit, Menschen nicht an sich ranzulassen, von denen man weiß, dass sie einem schaden können.

Hier sind die jüngeren Wurzeln dafür zu finden, dass man nicht den richtigen Partner für das Kinderprojekt findet. Wer sich nach einer festen Bindung und nach einem Kind sehnt und beides nicht unter einen Hut bringen kann, wünscht sich vielleicht im Herzen doch lieber eine freiere Entwicklung als eine eigene Familie. Einige erfolgreiche Karrierefrauen kennen diesen Bruch, den Fall von einem Extrem ins nächste. Einerseits stehen sie mit beiden Beinen mitten im Leben. Wenn sie sich verlieben, wirken sie stark und unabhängig. Aber sobald der Kontakt enger wird, klammern sie sich an den Mann ihrer Träume. Die Sehnsucht nach Nähe macht ihn in ihrer Fantasie plötzlich zum Retter aus ihrer Einsamkeit. Aus der starken Frau wird ein wimmerndes, klammerndes Bündel, das seine eigenen Gefühle und Ansprüche nicht mehr kennt. Der verdutzte Retter flieht, weil er sich in eine starke Frau verliebt hat und weil er durch die ganze Dramatik hindurch noch spüren kann, dass die Inszenierung nichts mit ihm zu tun hat. Er ist austauschbar. Echte Nähe kann nur durch Offenheit und nicht durch überbordendes Habenwollen entstehen. Aber wie viel Einschränkung kann jeder Einzelne aushalten? Wie groß ist die Angst, sich festzulegen?

Unsere Ängste geben uns Hinweise darauf, was wir wirklich wollen. Wir können uns zwar entscheiden – aber ob sich alles auch in der gewünschten Richtung entwickelt, haben wir noch zu keiner Zeit tatsächlich im Griff gehabt. Lernen wir, mit unseren Eigenarten zu leben. Und das, was uns passiert, für unsere persönliche Entwicklung zu nutzen, statt an all den unerfüllten Dingen zu verzweifeln. Jeder weiß, wie schwer das ist. Aber der Weg zu den anderen Menschen führt nur über die Liebe zu sich selbst.

Die siebte große Krise: Produktivität und Fürsorge

Die Ängste, die zu dieser Krise im mittleren Erwachsenenalter gehören, drehen sich um den Stillstand in der eigenen Entwicklung. Wird es immer so gleichförmig weitergehen? Wird jeder neue Tag wie der vorangegangene sein? Im Alter zwischen 25 und 45 stellt sich fast jeder Erwachsene diese Frage, sofern sein Leben in überschaubaren Bahnen verläuft. Ein Kind zu bekommen, löst die Krise in dieser Zeit, weil es für persönliches Wachstum und Fürsorge steht. Mit einem Kind können wir unsere emotionale Seite neu entdecken, die im beruflichen Alltag zu kurz kommt. Wir können uns noch einmal neu erfinden, indem wir die eigene Persönlichkeit um eine elementare Facette bereichern. Ein Kind zu versorgen, zwingt uns nicht nur, die eigenen Bedürfnisse zurückzustellen, es bereichert uns auch um den Akt der Fürsorge. Wer etwas gibt, bekommt mehr zurück als der, der nie etwas zu geben gelernt hat. Ganz nüchterne, bodenständige Karrierefrauen sprechen nach der Geburt ihres ersten Kindes von einer neuen Weiblichkeit, die sich für sie erfüllt hat, von der Lust am Geben, die sie vorher nie in sich vermutet hätten. Männer wundern sich über ihre Beschützerinstinkte, die so mächtig sind, dass sie ihre Kinder am liebsten in Watte packen würden, damit sie gegen alle Gefahr gefeit sind.

»Die Mode, die darauf besteht, die Abhängigkeit des Kindes vom Erwachsenen zu dramatisieren, hat uns häufig gegenüber der Abhängigkeit der älteren Generation von der jüngeren blind sein lassen«, schrieb Erikson 1950. Die Älteren brauchen die Jüngeren, um nicht auf der Stelle zu treten. Im Laufe unseres Lebens wächst in fast allen von uns das Bedürfnis, gebraucht zu werden und für andere zu sorgen. Auch in denen, die nicht so kinderlieb sind. Unsere Nestbau- und Brutpflegelust können wir in unserem eigenen Kinderprojekt ausleben, wir können diese Energie aber auch für andere Projekte nutzen. Hauptsache, wir raffen uns in dieser Phase auf, unser persönliches Wachstum voranzutreiben. Weg von uns selbst. Hin zu Interessen, die über unseren eigenen Tellerrand hinausgehen. Denn es gibt noch andere Lösungen für diese Krise, als ein Kind in die Welt zu setzen. Wenn wir aber stattdessen anfangen, uns selbst zu verwöhnen, als wären wir unser eigenes Kind, bleiben wir in unserer persönlichen Entwicklung stecken. Ein verkleinerter Radius und eine Verarmung der Persönlichkeit sind die Folge einer übertriebenen Selbstbezogenheit im Erwachsenenalter.

An dieser Stelle liegt es nahe zu glauben, dass die Stagnation in der persönlichen Entwicklung nur die kinderlosen Menschen trifft. Aber die bloße Tatsache, Eltern geworden zu sein oder sich Kinder zu wünschen, ist kein Beweis, dass diese Krise tatsächlich gemeistert werden konnte. Das merken einige Eltern, wenn der Nachwuchs flügge geworden ist. Exzessive Eigenliebe findet man auch unter Eltern. Produktivität und Schöpfertum müssen sich nicht in der eigenen Familie verwirklichen. Die Fürsorge ist nicht nur auf das Großziehen von Kindern beschränkt. Sie lässt sich auch im beruflichen, politischen und sozialen Engagement verwirklichen. Die Ängste, ohne eigene Kinder in der persönlichen Entwicklung stehen zu bleiben, in immer kleineren Kreisen zu agieren und seelisch zu verarmen, sind nicht aus der Luft gegriffen. Wer die Zusammenhänge kennt, sollte sich überlegen, ob er den dritten Abend hintereinander gemütlich in der Wanne verbringt oder sich nicht lieber aufraffen will, um mal ganz andere gute Dinge zu entdecken.

Noch in den siebziger Jahren hatten die 50-jährigen Mütter mit dem Empty Nest Syndrome zu kämpfen. Sobald die Kinder ausgezogen waren, um ihr eigenes Leben zu leben, litten die verwaisten Mütter unter Depressionen, Schlaflosigkeit, emotionaler Labilität und der eigenen Unzulänglichkeit. Um diese Gefühle zu betäuben, griffen manche Mütter im leeren Nest zu Antidepressiva und Schlaftabletten. Neuere Studien geben jedoch Entwarnung: Die heute flügge werdenden Kinder brauchen sich um ihre Eltern weniger Sorgen zu machen. Die meisten Mütter bleiben nicht mehr verzweifelt im leeren Nest zurück. Sie glauben nicht, dass nun das Band zu ihren Kindern abreißt, sondern dass sich die Beziehung vertieft. Die meisten Mütter von heute haben ihre einzige Erfüllung nicht in der Mutterrolle gesehen. Sie hatten schon immer auch andere Interessen und freuen sich darauf, endlich mehr Zeit für ihre eigenen Bedürfnisse zu haben. Nur die Frauen, die sich stark mit der Mutterrolle identifiziert haben, kommen noch schlecht mit der neuen Situation zurecht, und auch die modernen Väter haben heute mehr Probleme damit, als bisher angenommen. Sie bedauern es plötzlich, zu wenig mit ihren Kindern unternommen zu haben. Für das Paar im leeren Nest gilt: Sobald die Kinder ausgezogen sind und sie sich keine Sorgen mehr um den Nachwuchs zu machen brauchen, können sie sich wieder mehr auf sich selbst und ihre Partnerschaft besinnen.

Die achte große Krise: Entsagung und Weisheit

Am Ende unseres Lebens ist die Zeit zu kurz, um unser Leben noch schnell umzukrempeln. Wie werden wir uns dann fühlen? Werden wir an unseren früheren Entscheidungen verzweifeln, weil wir meinen, alle Weichen falsch gestellt zu haben? Oder werden wir dastehen wie ein zufriedener, von Sonne und Wind gegerbter Bauer auf seinen Feldern und die Würde ausstrahlen, die nur jemand ausstrahlen kann, der mit seinem Leben und sich selbst zufrieden ist? Es ist die Liebe zum menschlichen Ich, nicht zum eigenen Selbst, die sich in einem erfüllten Leben zeigt. Es bedeutet, den eigenen Lebensweg zu akzeptieren, was auch immer dieser Weg an Opfern gekostet hat. Es bedeutet auch, zu wissen, dass es zahlreiche andere, vielleicht auch bessere Wege gab, auf die das Leben einen hätte führen können, und trotzdem mit Würde hinter dem eigenen Weg zu stehen. Wem das gelingt, für den verliert der Tod seinen Stachel.

Die älteren Menschen sind erst in den letzten beiden Jahrzehnten in das Blickfeld der Forschung geraten. Im Mittelpunkt stand die Frage, wie alte Menschen damit fertig werden, dass die körperlichen Beeinträchtigungen zunehmen, dass die eigenen Freunde sterben und sich viele andere Stressoren häufen. Es hat sich gezeigt, dass das hohe Erwachsenenalter keineswegs durch eine Häufung negativer Emotionen gekennzeichnet ist. Ältere Menschen verfügen über eine Vielzahl an Ressourcen, mit denen sie die negativen Folgen des Alterns abfedern können. Es bleibt die Gretchenfrage: Sind Menschen mit Kindern im Alter zufriedener? Neuere Studien haben ergeben, dass die Lebenszufriedenheit ab 60 vor allem davon abhängt, ob die Menschen einen Lebensgefährten oder eine andere Vertrauensperson haben. Verwitwung und Kinderlosigkeit spielten dagegen keine Rolle. Die Lebenszufriedenheit im Alter hängt darüber hinaus mit der Qualität der früheren Lebenserfahrungen zusammen. Je härter das Leben in der Kindheit war, je kälter die Stimmung, je mehr Entbehrungen es gegeben hat, desto unangenehmer ist oft der Blick zurück und desto negativer ist auch das eigene Lebensgefühl.

Ganz allgemein betrachtet geht es vielen älteren Menschen trotz zunehmender Gebrechen und anderer Einschränkungen seelisch gut. Das Phänomen wird das »Zufriedenheitsparadox« im Alter genannt. Die Beobachtungen der Forscher geben uns grünes Licht für eine autonome Entscheidung. Ob wir glücklich sein werden, hängt nicht unbedingt davon ab, ob wir im Altersheim von unseren Kindern besucht werden. Wichtig ist, dass es Menschen gibt, denen wir vertrauen. Wir versteinern, wenn es niemanden gibt, dem wir unser Herz öffnen können. Unsere Psyche ist flexibel genug, sich auf die Wendungen einzustellen, die unser Leben nimmt. Wir können frei entscheiden, ob wir Kinder haben möchten oder nicht. Wer seine Ängste kennt und weiß, was ihn wirklich glücklich macht, wird die richtige Entscheidung treffen. Und das wird immer eine sein, die nicht unsere seelischen Löcher stopfen soll, sondern die uns seelisch reicher macht.

Take the best!

> Ich genieße mein Leben als Mutter, so wie es im Moment ist, sehr.
> Drei Kinder. Das ist Leben pur!
> Aber ich freue mich auch darauf,
> irgendwann wieder mehr Freiheiten zu haben.
>
> *Susanna, 34, zwei Söhne, eine Tochter*

Nachdem wir uns nacheinander mit den wichtigsten Punkten der Kinderfrage beschäftigt haben, stehen wir jetzt vor der erheblich schwierigeren Frage, was jede Einzelne für die eigene Entscheidung mitnehmen kann.

Schlägt man zurzeit die Illustrierten auf, hat man den Eindruck, Babys kommen in Mode. Prominente präsentieren sich auf den Titelseiten stolz mit ihrem Nachwuchs, weibliche Filmstars halten auf roten Teppichen ihre runden Bäuche in die Kameras, sogar der Musiksender MTV brachte jüngst ein Special über die neuen Mütter: In der Schwangerschaft attraktiv wie nie, nach der Geburt topfit, und schon in ein paar Monaten wieder auf Laufsteg und Leinwand präsent! Obwohl die Statistik keinen Trend zum Kind ausmachen kann, stellen Trendforscher Jahr für Jahr die Renaissance der Familie fest. Ein Wunder ist das nicht. Wenn die jungen Trendforscher ihre Büros eröffnen, geraten ihre Freundinnen gerade in das Babyboom-Alter. Kein Jahrgang ohne seinen Babyboom. Kein Szene-Viertel, in dem nicht irgendwann der Kindersegen ausbricht, wenn das Durchschnittsalter von 30 plus erreicht ist. Und überall, wo es süße Babys zu bewundern gibt, werden sie von neugierigen »Primatenweibchen« beäugt. Denn nichts macht mehr Lust auf ein eigenes Baby als das Baby einer anderen Frau. Insofern setzen Babys zumindest auf der inneren Leinwand tatsächlich Trends.

Wir sind nicht Claudia Schiffer, Madonna oder Steffi Graf. Wir haben nicht drei Kindermädchen, einen Koch, einen persönlichen Fitnesstrainer und mehrere Chauffeure, die uns die Kinder zum Stillen hinterherfahren – die meisten Frauen in Deutschland haben es jedenfalls nicht so bequem. »Ich bin nicht der Typ, der geduldig Bauklötze aufeinander türmt«, sagte Eva, eine überzeugte Kinderlose zu mir. »Aber wenn ich Madonna wäre, hätte ich mir auch von ganzem Herzen ein Kind gewünscht. Denn *manchmal* könnte ich durchaus geduldig Bauklötze aufeinander stapeln. Und *manchmal* wünsche ich mir das sogar.« Ein Kind ist auch nach dem Fototermin noch da, auch nach dem Spaziergang, bei dem man es stolz den Freunden vorgeführt hat. Es ist ein eigenes kleines Wesen, das uns bedingungslos vertraut und mit dem wir viele Jahre unseres Lebens teilen werden. Wer sich für ein Kind entscheidet, sollte bessere Motive haben, als den Glamourfrauen oder einer besten Freundin nachzueifern. Wir wissen das. Und dennoch geht der »Vogue«-Titel, der Claudia Schiffer in einem blütenweißen Spaghettiträgerkleid mit ihrem noch winzig kleinen Baby im Arm zeigt, nicht völlig an den Träumen der Menschen vorbei. Die Schönen und Reichen zeigen allen anderen jedoch vor allem eines: dass Mutterschaft erst dann richtig entspannt gelingen kann, wenn alles da ist. Die eigene Karriere, genug Geld, der richtige Mann.

Viele Frauen wünschen sich ein Kind, aber fast genauso viele wollen auch berufstätig bleiben, und da liegt der Knackpunkt. Die meisten kinderlosen Frauen, die sich bewusst gegen die Mutterrolle entscheiden, tun das heute aus beruflichen Gründen. Ideologische oder politische Gründe, »in diese grausame Welt setze ich kein Kind«, wie sie früher zu hören waren, spielen kaum noch eine Rolle. Frauen haben in den letzten Jahrzehnten die Welt mehr mitbestimmt als vielleicht jemals zuvor. Sie haben das Berufsleben erobert, wenn auch an den Hebeln der Macht immer noch mehr Männer sitzen. Und das hat eben auch damit zu tun, dass der Kindersegen in Deutschland weibliche Karrieren frühzeitig abbrechen lässt. Für nicht wenige Frauen in diesem Land, zumal in Führungspositionen, heißt die Wahl immer noch: Kind *oder* Karriere. In gewissem Sinne bleiben also manche der bewusst Kinderlosen nicht ganz freiwillig kinderlos. Manche von ihnen bedauern es, dass es nie die optimalen Bedingungen gab, die ihnen die Entscheidung für ein Kind möglich gemacht hätten. Die meisten Menschen müssen in der Kinderfrage Abstriche machen. Entweder bei den Luxusgütern oder am Luxusgut Emotionalität. Verlierer und Gewinner gibt es immer. Auf beiden Seiten.

Erinnern wir uns: Mütter, die mit privaten Arrangements berufliche Nachteile vermeiden können, und Kinderlose, die dabei keinen Verlust empfinden, sind nach Ansicht von Experten die Gewinner der Moderne. Zu den Verlierern gehören Mütter, die dachten, dass beides unter einen Hut zu bringen sei und die dann am Betreuungsnotstand und der Jobmisere scheitern. Verlierer sind auch jene Kinderlosen, die Beruf und Familien für nicht vereinbar hielten und so lange versucht haben, die Umstände zu optimieren, bis sie an ihre biologischen Grenzen stießen.

Wir haben hervorragende Gesetze, die uns das Recht geben, bis zu drei Jahre aus unserem Beruf auszusteigen und hinterher wiederzukehren. Doch dadurch, dass jahrelang der Ausstieg aus dem Beruf gefördert wurde, haben wir es versäumt, Betreuungsangebote für die Kinder berufstätiger Mütter zu schaffen. Viele Frauen können oder wollen nicht drei Jahre aussetzen. Viele haben heute überhaupt keine feste Stelle. Sie können nicht im Traum daran denken, länger zu pausieren. Andere müssen fürchten, durch eine lange Pause den Anschluss zu verlieren und nach der Rückkehr auf dem Abstellgleis zu landen. Quer durch alle Parteien hat sich mittlerweile die Erkenntnis durchgesetzt, dass Frauen nicht nur Lust auf eine gute Ausbildung haben, sondern auch Lust aufs Arbeiten. Die FDP plädiert sogar auf einmal für kostenlose Kitaplätze. Dennoch bewegt sich wenig. Die Kassen sind leer, und in Zeiten wirtschaftlicher Schwäche, wenn Arbeitsplätze knapp sind, war es schon immer Usus, Frauen das gemütliche Zuhause schmackhaft zu machen.

Wenn wir ehrlich sind, wurde die Notwendigkeit guter, bezahlbarer Betreuungsmöglichkeiten nicht nur von den Politikern unterschätzt: Nicht wenige Frauen wünschten sich lieber einen staatlich unterstützten Ausstieg aus dem Job, um voll und ganz für ihre Kinder da sein zu können. Auch heute noch meinen viele, eine gute Mutter dürfe, wenn überhaupt, nur Teilzeit arbeiten.

Unsere Männer halten sich gern aus dieser Debatte heraus. Auf ihnen lastet unter unseren gesellschaftlichen Verhältnissen nicht selten der Druck des Alleinverdieners. Viele Männer reden nicht über die Missstände, weil das peinlich ist. Das klingt dann mitunter so: »Kitaplätze? Was ist das? Ich wollte sowieso keine Kinder. Basta.«

»I have a dream« heißt für mich in der Kinderfrage, dass es noch eine Menge zu erkämpfen gilt. Unsere Gesellschaft ist in diesem Punkt gefährlich rückständig, vernagelt und unfrei geblieben. Sie hat sich zu lange an den Ideen von gestern festgehalten, die die Frauen mit kleinen Geldgeschenken ans Haus gebunden haben, statt ihnen ein autonomes Leben mit mehr persönlicher Entscheidungsfreiheit zu ermöglichen. Eine Gesellschaft, die die Zeichen der Zeit nicht erkennt, schrumpft. Also schrumpfen wir und jeder Einzelne macht das Beste aus seiner Situation. Von stillem Gebärstreik kann nicht die Rede sein. Die kinderlosen Frauen sind nicht in Streik getreten. Die meisten sind höchstens wütend auf diesen Staat, der das Kinderkriegen zum Armutsfaktor gemacht hat, und manchmal wütend auf sich selbst, dass es ihnen nicht gelungen ist, sich die optimalen Bedingungen selbst zu schaffen. Aber daran zerbrechen sie nicht. Sie haben gelernt, unerfüllte Wünsche durch neue zu ersetzen.

Beruf oder ein Baby – eine knifflige Frage, die nur jeder für sich allein entscheiden kann. Es stimmt: Ein Kind passt nie richtig ins Leben einer engagierten, berufstätigen Frau, und manch eine wartet zu lange auf den perfekten Zeitpunkt, bis am Ende die Chance vertan ist. Dennoch lohnt es sich abzuwägen, welcher der richtige Moment im Beruf und wer der richtige Partner für das Kinderprojekt sein könnte. Denn ob es gelingt, Beruf und Kind zu vereinbaren, hängt in Deutschland vor allem von der persönlichen Situation ab.

Machen Sie den Check: Haben Sie genug Geld auf der Bank? Haben Sie lauter liebe, kerngesunde und verlässliche Kinderhüter um sich versammelt? Kann der Vater Ihres Wunschbabys seinen Job ohne finanzielle Probleme auf Sparflamme köcheln lassen? Haben Sie einen Job, der sich problemlos mit einem Kind vereinbaren lässt? Oder wohnen Sie zufällig in Laer im Münsterland, wo es dieses wunderbare Angebot an Kindertagesstätten und Ganztagsschulen gibt? Wer keine dieser Fragen mit Ja beantworten kann, hat ein Problem. Anders als in Frankreich oder Skandinavien ist die Betreuung von Kindern bei uns Privatsache.

Krippenplätze für die Kleinsten gibt es kaum. Ab drei Jahren gehen die meisten dann in den Kindergarten, der ist jedoch in der Regel nur drei bis vier Stunden am Vormittag geöffnet und bietet nicht einmal Mittagessen an. Das Gleiche gilt für die Schulen. Es kann bereits als enormer Fortschritt gelten, dass manche Schulen die Kinder nicht einfach früher nach Hause schicken, wenn überraschend Stunden ausfallen.

Manche Frau wählt gerade die berufliche Krise, um Mutter zu werden. Ging es den meisten Frauen nicht schon immer gegen ihre Natur, in Zeiten von Hauen und Stechen am Arbeitsplatz um jedes kleine Lob zu konkurrieren? Die weiblichen Stärken sind nicht Zickigkeit und Platzhirschgebaren, sondern Kommunikation und konstruktive Teamarbeit. Es verunsichert, wenn das Kraftmeiern im Job zunimmt, vielen Frauen vergeht da die Lust auf den unterkühlten Arbeitsplatz. In dieser Situation bietet sich die Elternzeit als Ausweg an. Zu Hause wartet dann »La le lu«, statt: »Was haben Sie sich eigentlich dabei gedacht, Frau X?« Die neue Geborgenheit zu Hause tut gut. Sie kann allerdings auch dazu verführen, den Wiedereinstieg – oder noch schwieriger: den Neuanfang – zu lange hinauszuschieben. Wer sich in einer beruflichen Krise für ein Kind entscheidet, sollte rechtzeitig planen, wie es nach der Babypause weitergeht. Manche Frau, die dies immer für unvorstellbar hielt, bleibt sonst am Ende Hausfrau und Mutter.

Doch der richtige Zeitpunkt hängt nicht nur vom Job

ab. Der Partner und vor allem das eigene Alter beeinflussen die Entscheidung. Über 35 wird das Kinderkriegen schnell zum Vabanquespiel gegen die Zeit. Es wird immer Frauen geben, die mit 44 im ersten Zyklus schwanger werden und ihr erstes Kind mit 45 gesund zur Welt bringen. Aber für die Mehrheit gilt das nicht. Je länger wir zögern, desto mehr Druck wirkt auf unsere Entscheidung. Je früher wir unsere Entscheidung treffen, desto mehr Abstriche müssen wir meist in Sachen Karriere und unbeschwerter Freiheit machen. Jede Frau muss die richtige Lösung für sich finden.

Auf der Suche nach dem richtigen Weg lohnt es sich, die eigenen Motive und Ängste unter die Lupe zu nehmen und sich zu fragen: Warum will ich eigentlich Kinder? Kinder sind nicht dazu da, unsere seelischen Lücken zu füllen, sie sind kein Partnerersatz und kein Statussymbol. Wer nur Angst davor hat, im Alter allein zu sein oder als Frau ohne Kinder nichts zu gelten, sollte vielleicht noch einmal darüber nachdenken. Kinder sind Persönlichkeiten, denen wir zwar unsere ganze Liebe geben dürfen, die aber ihr eigenes Leben und ihre eigenen Gedanken haben. Wir dürfen sie für ihre Abenteuer volltanken. Aber wir dürfen nicht wirklich mitfliegen. Unser eigener Flug ist in einer anderen Ära losgegangen und hat ein anderes Ziel.

Keine Frage, mit Kindern kann man ungeahnte Glücksmomente erleben, man kann unglaublich viel Spaß haben und Dinge tun, die man seit seiner eigenen Kindheit nicht getan hat. Und das Gefühl, seinem Kind alles Glück der Welt zu wünschen, kann selbst die hartgesottensten Männer rühren. Doch im ganz normalen Alltag geht es nicht nur darum, emotionale Wärme herbeizuzaubern. Da heißt es, Nein sagen zu können, zähe Erklärungen abzugeben, Spielsachen hinterherzuräumen, Essen zu kochen, die Waschmaschine auszuräumen, Fußböden zu schrubben, nachts immer wieder aufzustehen. Es ist auch nicht gerade leicht, immer die strahlend schöne Mutter zu sein. Babys sind nun einmal Wesen, die sonderbarerweise immer dann niesen müssen, wenn sie den Mund voller Brei haben.

Ein Kind eignet sich nicht wirklich als Vorzeigeobjekt. Es wird nie immer nur perfekt sein und all den Ansprüchen der anderen genügen. Auch die hohen Ansprüche der Eltern werden oft enttäuscht. Es kann passieren, dass wir uns täglich abmühen und unser Kind nach besten Kräften fördern, und dennoch hat es große Schwierigkeiten in der Schule, während anderen Kindern alles zuzufliegen scheint. Vielleicht müssen wir später in der Pubertät damit klarkommen, dass die eigene Tochter von der Mutter ihrer besten Freundin schwärmt oder lieber mit der kinderlosen Tante in Urlaub fahren will als mit ihren Eltern. Wir haben keinen Anspruch darauf, immer geliebt zu werden und für das Kind der wichtigste Mensch der Welt zu sein. Und wir haben kein Recht darauf, ein Kind zu zwingen, unsere Träume zu leben. Keine Frage: Die emotionale Welt zwischen Kinderzimmer, Bad und Küche hat ihre Höhen und Tiefen.

Egal, welche Wendungen unser Leben nimmt, wir können die Gewissheit haben, dass unsere Psyche flexibel genug ist, sich neue Wege ins Glück zu suchen. Ein Leben ohne den passenden Mann ist kein vergeudetes, glanzloses Leben. Ein Leben ohne Kinder ist es ebensowenig. Es gibt andere Dinge im Leben, die zu tun sich lohnen. Kinderlos zu sein heißt nicht automatisch, dass wir allein leben und einsam sind. Es heißt nicht einmal, dass wir ohne Kinder leben. Es kann etwas Wunderbares sein, den ganzen Sonntag mit dem Patenkind oder den Nichten herumzutoben und Pfannkuchen zu backen und abends wieder Ruhe zu haben und mit einer Freundin ins Theater zu gehen.

Eigene Kinder machen weder glücklicher noch unglücklicher. Glücklich machen die kleinen Momente im Leben. Glücklich macht uns unsere Fantasie. Lebensfreude ist nicht nur von Tatsachen abhängig. Nicht von der Villa. Nicht vom Wunschkind. Nicht von dem roten Kleid, das man sich gern kaufen würde, aber sich nicht leisten kann. Das rote Kleid in der Fantasie zu tragen, vom Wunschkind zu träumen, sich auf das verschlafene Gesicht des eigenen Babys am Morgen zu freuen, an das Date am Abend zu denken und auf die Zukunft gespannt zu sein, das ist der Stoff, aus dem unser Glück gemacht ist. Die Realität ist komplexer. Da sitzt das rote Kleid doch nicht so gut und war viel zu teuer. Das Wunschkind quengelt schon beim Frühstück, und das Date ist langweilig.

Dieses Buch hat mit Angelikas Erfahrung begonnen.

Ich habe lange gezögert, bevor ich sie am Ende der Arbeit noch einmal angerufen habe. Eigentlich hatte ich gehofft, dass sie doch noch schwanger geworden ist. Es ist kein Märchen, dass 10 Prozent der Paare von der ersehnten Schwangerschaft überrascht werden, nachdem sie alle Hoffnungen auf das Wunschkind aufgegeben haben. Das liest sich so: Ein Paar bricht die Behandlung ab, gibt die Hoffnung auf, kauft sich ein Zweisitzer-Cabriolet, bezieht ein Appartement mit Galerie und entspannt von all dem Stress. Nach dem ersten gemeinsamen Urlaub bleibt die Regel aus. Einfach so, weil Kinderzeugen mit Ruhe und Entspannung zu tun hat.

Ein Jahr war vergangen, seit wir uns im Zug begegnet waren. »Komisch, dass du ausgerechnet jetzt anrufst. Wir haben erst vor ein paar Tagen einen Mietvertrag für ein eigenes Geschäft unterschrieben. Du hörst richtig. Wir steigen aus – ich aus meinem Job als Soziologin, er aus seiner Agentur.«

»Bist du schwanger geworden?«, traue ich mich, direkt zu sein.

»Nein, aber ich bin drüber weg, ein Kind zu wollen«, sprudelt es aus ihr heraus. »Wir wollen jetzt eine Michung aus Feinkostgeschäft und Weinhandlung aufmachen. Der Kinderwunsch war gut überlegt. Das Geschäft war eine spontane Entscheidung. Die Agentur meines Mannes lief nicht mehr gut. Es reichte nicht mehr für drei Chefs. Mein Job fiel mir von Tag zu Tag schwerer. Ich hatte ihn satt. Etwas musste passieren.

Aber wir haben jetzt beide das komische Gefühl, der Laden hat uns gewählt, und nicht wir ihn.«

Ein schönes Schlusswort. Wir wählen. Und wir werden gewählt. Wir wissen, dass wir mit Kindern und ohne Kinder glücklich werden können. Vertrauen wir auf das, was wir wissen, und auf das, was kommt. Take the best – an jedem Wendepunkt im Leben!

Literaturhinweise

Sarah Blaffer Hrdy, Mutter Natur, Berlin 2002.

Bundesministerium für Familie, Senioren, Frauen und Jugend (Hrsg.), Die Frauen der Welt 2000, Trends und Statistiken.

Heribert Engstler, Sonja Menning, Bundesministerium für Familie, Senioren, Frauen und Jugend (Hrsg.), Die Familie im Spiegel der amtlichen Statistik, 2003.

Erik H. Erikson, Kindheit und Gesellschaft, Stuttgart 1971.

Familiensurvey III (2003 veröffentlichte Hauptresultate einer Befragung von 8000 Personen durch Familienforscher verschiedener Institute sowie das Deutsche Jugendinstitut).

Birgit Fix, Kindertagesbetreuung in Frankreich, Finnland und Schweden, in: Martin R. Textor (Hrsg.), Kindergartenpädagogik, Online-Handbuch, Stand: 12. 12. 2003.

Erich Fromm, Die Kunst des Liebens, Frankfurt am Main/Berlin/Wien 1979.

Wassilios Fthenakis, Beate Minsel, Die Rolle des Vaters in der Familie, Staatsinstitut für Frühpadagogik, München 2001.

Anthony Giddens, Entfesselte Welt – Wie die Globalisierung unser Leben verändert, Frankfurt am Main 2001.

Gabriele Gloger-Tippelt, Beate Gomille, Ruth Grimmig, Der Kinderwunsch aus psychologischer Sicht, Opladen 1993.

Cornelia Helfferich, Kontexte der Kinderfrage: Lebensentwürfe von Frauen, Fachhochschule Freiburg, Zwischenbericht 1996.

Annette Kuhn (Hrsg.), Chronik der Frauen, Dortmund 1992.

Michael Lukas Moeller, Auf dem Weg zur Wissenschaft von der Liebe, Reinbek 2002.

Rolf Oerter, Leo Montada, Entwicklungspsychologie, 4. Auflage, Weinheim 1998.

Fritz Riemann, Grundformen der Angst, München 1979.

Klaus A. Schneewind, Familienpsychologie, Stuttgart 1999.

Norbert F. Schneider, »Bewusst kinderlose Ehepaare«, in: Zeitschrift für Frauenforschung, 14. Jahrgang, Heft 1+2, 1996.

Jörg Schumacher, Yve Stöbel-Richter, Elmar Brähler, Der Kinderwunsch aus psychologischer Sicht. Zum Einfluss des erinnerten elterlichen Erziehungsverhaltens und der Partnerschaftszufriedenheit, Leipzig 2001.

C. Katharina Spieß, Jürgen Schupp, Markus Grabka, John P. Haisken-De New, Heike Jakobeit, Gert G. Wagner, Abschätzung der (Brutto-)Einnahmeeffekte öffentlicher Haushalte und der Sozialversicherungsträger bei einem Ausbau von Kindertageseinrichtungen, Gutachten des Deutschen Instituts für Wirtschaftsforschung im Auftrag des Bundesministeriums für Familie, Senioren, Frauen und Jugend, Berlin 2002.

Statistisches Bundesamt (Hrsg.), Leben und Arbeiten in Deutschland, Ergebnisse des Mikrozensus 2001, Presseexemplar, 2002.

Bernhard Strauß, Jürgen Bengel, Eine Untersuchung zur langfristigen Bewältigung von Kinderlosigkeit und zu deren Konsequenzen für psychosoziale Betreuungskonzepte, Jena 2000.

Wolfgang Stroebe, Klaus Jonas, Miles Hewstone (Hrsg.), Sozialpsychologie, Berlin/Heidelberg/New York 2001.

United Nations (Hrsg.), Highlights, World Population Prospects, The 2000 Revision, New York 2001.

Mechthild Veil, Kinderbetreuungskulturen in Europa: Schweden, Frankreich, Deutschland, Bundeszentrale für politische

Bildung, Aus Politik und Zeitgeschichte, Band 44, Bonn 2003.
Barbara Vinken, Die deutsche Mutter, München 2002.
Tewes Wischmann, Heike Stammer, Der Traum vom eigenen Kind, Stuttgart 2001.
Melanie Zietlow, »Aufatmen im leeren Nest«, in: Psychologie Heute, August 2003.